DIREITO BANCÁRIO:
A EFICÁCIA HORIZONTAL
DOS DIREITOS FUNDAMENTAIS
E OS PRECEDENTES VINCULANTES

CIP-BRASIL. CATALOGAÇÃO NA PUBLICAÇÃO
SINDICATO NACIONAL DOS EDITORES DE LIVROS, RJ

G979d

    Guimarães, Luiz Carlos Forghieri, 1949-
    Direito bancário a eficácia horizontal dos direitos fundamentais e os precedentes vinculantes / Luiz Carlos Forghieri Guimarães. – 1. ed. – São Paulo: Letras Jurídicas, 2017.
    176 p. ; 21 cm.

    Inclui bibliografia
    ISBN: 9788582481196

    1. Direito constitucional - Brasil. 2. Direitos fundamentais - Brasil. 3. Contratos bancários. 4. Juros. I. Título.

17-42066   CDU: 342(81):340.132.6

24/05/2017   25/05/2017

LUIZ CARLOS FORGHIERI GUIMARÃES

DIREITO BANCÁRIO: A EFICÁCIA HORIZONTAL DOS DIREITOS FUNDAMENTAIS E OS PRECEDENTES VINCULANTES

1ª Edição – 2017 – São Paulo – SP

© Luiz Carlos Forghieri Guimarães
© **Letras Jurídicas Editora Ltda. – EPP**

Capa: Tribo da Ilha Editora

Diagramação: Formato Editora e Serviços

Montagem de Capa: Formato Editora e Serviços

Revisão: Formato Editora e Serviços

Editor: Cláudio P. Freire

1ª Edição – 2017 – São Paulo-SP

Reservados a propriedade literária desta publicação e todos os direitos para Língua Portuguesa pela **LETRAS JURÍDICAS Editora Ltda. – EPP**.

Tradução e reprodução proibidas, total ou parcialmente, conforme a Lei nº 9.610, de 19 de fevereiro de 1998.

LETRAS JURÍDICAS
Largo São Francisco, 181 – 6º Andar – Salas 11/12 – Centro
CEP 01005-010 – São Paulo-SP
Telefone/Fax: (11) 3107-6501 – Celular: (11) 9-9352-5354
Site: www.letrasjuridicas.com.br
E-mail: vendas@letrasjurdicas.com.br

Impressão no Brasil

AGRADECIMENTOS

A Deus pela vida, orientação e força.

Às minhas doces e queridas filhas, Patrícia e Fernanda, inspiração de todo o meu viver; ao meu genro, João, e ao meu querido neto, Guilherme, dádivas de Deus.

Ao Centro Europeu de Curitiba/PR pela confiança depositada nesses seis anos de vários cursos ministrados.

À Ordem dos Advogados do Brasil, Seção São Paulo, por ter me laureado por três vezes, duas com a "Láurea de Reconhecimento", 2006 e 2009, "pelas palestras ministradas", e outra, com a "Láurea do Mérito Cultural", em 14/10/2011, "pelos relevantes serviços prestados à Advocacia Bandeirante, como Conferencista Emérito do Departamento de Cultura da OAB/SP".

Ao Centro Europeu de Curitiba/PR pela confiança depositada nesses seis anos (2011 a 2016) de vários cursos ministrados.

Prof. Luiz Carlos Forghieri Guimarães

CONSELHO EDITORIAL
LETRAS JURÍDICAS/LETRAS DO PENSAMENTO

AGOSTINHO DOS SANTOS GIRALDES
ARMANDO ALEXANDRE DOS SANTOS
CARLOS FERNANDO MATHIAS DE SOUZA
CINTIA DE FARIA PIMENTEL MARQUES
DIOGO TELLES AKASHI
EDUARDO HENRIQUE DE OLIVEIRA YOSHIKAWA
EDUARDO SALLES PIMENTA
ELIANE PFEFFER
ELIZABETE GORAIEB
FÁBIO ANTONIO CAMARGO DANTAS
FLÁVIO TARTUCCE
GUILHERME EDUARDO NOVARETTI
GUILHERME JOSÉ PURVIN DE FIGUEIREDO
ILDEU DE SOUZA CAMPOS
JOÃO MILTON ANANIAS
JOSE CARLOS MAGDALENA
JUAREZ DE OLIVEIRA
JULYVER MODESTO DE ARAUJO
LAFAYETTE POZZOLI
LEANDRO CALDEIRA NAVA
LUIZ FERNANDO GAMA PELLEGRINI
MARCO ANTONIO AZKOUL
MARIA CLARA OSUNA DIAZ FALAVIGNA
MARIA HELENA MARQUES BRACEIRO DANELUZZI
MARISTELA BASSO
MIRIAN GONÇALVES DILGUERIAN
NELTON AGUINALDO MORAES DOS SANTOS
NORBERTO OYA
OLGA INÊS TESSARI
PAULO RUBENS ATALLA
SÍRIO JWVER BELMENI
WESLEY CORREA CARVALHO

APRESENTAÇÃO

A presente obra foi sistematizada em capítulos de modo a compor um conjunto harmônico para bem entender as profundas mudanças ocorridas, recentemente, no Direito Bancário, numa linguagem simples e prática com doutrina e jurisprudências atualizadas.

É um tema relevante para o dia a dia do profissional do Direito, daí a necessidade de verter para o escrito considerações e praticidades sobre o Direito Bancário, a Eficácia Horizontal dos Direitos Fundamentais e os Precedentes Vinculantes.

O estudo que se empreende neste livro pontuou, sobretudo, nas relações jurídicas entre os desiguais, isto é, o poder econômico (banco) e o consumidor bancário, uma vez que o mais forte normalmente infringe a dignidade da pessoa humana, art. 1º, III, da CF/88, do hipossuficiente em face de que nessas relações se identifica a proeminência de uma das partes sobre a outra, em outro dizer, é permeado pelo poder e pela sujeição.

Espero, sinceramente, que seja uma contribuição para aqueles que, ainda, não tiveram oportunidade de começar a entender e praticar na vida forense o maravilhoso mundo da Eficácia Horizontal dos Direitos Fundamentais nas Relações Privadas.

Prof. Luiz Carlos Forghieri Guimarães

SUMÁRIO

Agradecimentos, 5
Apresentação, 7

CAPÍTULO I
Breves anotações sobre direitos fundamentais 11

CAPÍTULO II
Juros remuneratórios. Paradigma. REsp n. 1.061.530-RS 27

CAPÍTULO III
Conceito jurídico de capitalização, STJ 47

CAPÍTULO IV
Capitalização, REsp n. 973.827-RS 53

CAPÍTULO V
Capitalização. A inconstitucionalidade da expressão "taxa de juros anual superior ao duodécuplo da mensal é suficiente para permitir a cobrança da taxa efetiva anual", REsp n. 973.827-RS 57

CAPÍTULO VI
Tabela Price, SAC e SACRE 69

CAPÍTULO VII
Cédula de crédito bancário, Lei n. 10.931, art. 28, § 1º, I, de 2 de agosto de 2004. Capitalização 73

CAPÍTULO VIII
Descaracterização da mora, REsp 1.061.530-RS 79

CAPÍTULO IX
Tutela Antecipada, art. 273 do CPC/73, atual Tutela Provisória de Evidência, art. 311, II, do NCPC e REsp 1.061.530-RS 83

CAPÍTULO X
Valor incontroverso. Art. 285-B do CPC/73, atual art. 330, §§ 2º e 3º, do CPC/2015. Depósito em juízo........................ 89

CAPÍTULO XI
Comissão de permanência...................................... 97

CAPÍTULO XII
Tarifas bancárias. Paradigmas, REsps 1.251.331/RS e 1.255.573/RS 101

CAPÍTULO XIII
Justiça gratuita 107

CAPÍTULO XIV
Valor da causa, arts. 291 e 292 do NCPC/2015.................... 111

CAPÍTULO XV
Cartão de crédito.. 115

CAPÍTULO XVI
Conta corrente/cheque especial............................. 121

CAPÍTULO XVII
Cédula de crédito rural,... 127

CAPÍTULO XVIII
Empréstimo consignado.. 135

CAPÍTULO XIX
Empréstimo pessoal física e jurídica..................... 143

CAPÍTULO XX
Superendividamento bancário e a Constituição Federal....... 149

CAPÍTULO XXI
Busca e apreensão. Financiamento de veículo automotor. Descaracterização da mora.................................... 159

Referências bibliográficas 163

Sobre o Prof. Luiz Carlos Forghieri Guimarães.................................. 167

CAPÍTULO I

BREVES ANOTAÇÕES SOBRE DIREITOS FUNDAMENTAIS[1]

1 INTRODUÇÃO

Não há um conteúdo comum para conceituar os direitos fundamentais em virtude da multiplicidade de comandos de diferentes tipos, uma vez que o constituinte é livre para eleger em um catálogo de direitos humanos quais serão incorporados pelo Estado como direitos fundamentais. Além disso, muitos direitos fundamentais foram criados pelo constituinte em razão da importância histórica que se vivia naquele momento sem se preocupar com o seu conteúdo, inclusive, alguns com **fundamentalidade (conteúdo e importância)** duvidosa, **e daí a dificuldade de uma conceituação** material única para todos. Nesse sentido, a doutrina[2].

Por outro lado, **as posições jurídicas essenciais**, isto é, as básicas, as indispensáveis para uma existência digna, por exemplo, a saúde, art.

---

[1] Extraído parte do livro *Direitos fundamentais e a Constituição Federal de 1988* de autoria do prof. Luiz Carlos Forghieri Guimarães editado em dezembro de 2015 pela Editora Letras Jurídicas.

[2] FERNANDES, Bernardo Gonçalves. *Curso de Direito Constitucional*. 5. ed. Salvador: Juspodivm, 2013, p. 309. "Todavia, estabelecer um conceito para os direitos fundamentais não é uma tarefa simples, e isso deve ficar claro bem de início. Diversos manuais traçam propostas de conceituações, mas no geral como alerta Virgílio Afonso da Silva, o pressuposto teórico que fica no pano de fundo de quem se compromete nessa empreitada fica sem elucidações. A consequência direta disso é que o conceito acaba ficando preenchido

6º; a liberdade, *caput* do art. 5º; a igualdade, art. 5º, *caput*, e inciso I; a educação, art. 6º; a intimidade, art. 5º, X; a moradia, art. 6º; o contraditório e ampla defesa, art. 5º, LV etc., têm na **dignidade da pessoa humana** e **na limitação do poder** elementos comuns de ligação, até porque ninguém vive com dignidade sem saúde, ninguém vive com dignidade sem liberdade, ninguém vive com dignidade sem moradia (art. 6º da CF/88) e daí o direito à moradia constituir um direito substancial do ser humano que se concretiza no crédito habitacional como um dos instrumentos de acesso à habitação.

---

de uma imprecisão dogmática ou, na pior das hipóteses, temos uma repetição estéril de características sem que saibamos o porquê de suas existências."

MENDES, Gilmar Ferreira. *Direito constitucional*. 5. ed. São Paulo: Saraiva, 2010, p. 312. "O catálogo dos direitos fundamentais vem se avolumando, conforme as exigências específicas de cada momento histórico. A classe dos direitos que são considerados fundamentais não tende à homogeneidade, o que dificulta uma conceituação material ampla e vantajosa que alcance todos eles. Tampouco a própria estrutura normativa dos diversos direitos fundamentais não é coincidente em todos os casos."

SARLET, Ingo Wolfgang. *A eficácia dos direitos fundamentais*. 6. ed. Porto Alegre: Livraria do Advogado, 2006, p. 81. "A falta de rigor científico e de uma técnica legislativa adequada, de modo especial no que diz com a terminologia utilizada, pode ser apontada como uma das principais fraquezas do catálogo dos direitos fundamentais em nossa Constituição, revelando contradições, ausência de tratamento lógico na matéria e ensejando problemas de ordem hermenêutica. É o que ocorre, por exemplo, com a redação do *caput* do art. 5º, seguido dos 77 incisos, bem como do art. 6º, que anuncia genericamente quais os direitos sociais básicos, sem qualquer explicação relativamente ao seu conteúdo, que deverá ser buscada no capítulo da ordem econômica e, acima de tudo, da ordem social, suscitando sérias dúvidas sobre quais os dispositivos situados fora do Título II que efetivamente integram os direitos fundamentais sociais. Neste mesmo contexto, também ressalta uma ausência de sistematização, oriunda, provavelmente, de uma acomodação apressada das matérias, desacompanhada da necessária reflexão gerada, entre outros fatores, pela pressão exercida sobre os Constituintes na época da elaboração da nossa Lei Fundamental, aspecto já apontado, inclusive, por observadores alienígenas de grande renome, como é o caso de Jorge Miranda, apesar do entusiasmo com o qual o mestre de Lisboa recebeu a nossa nova Carta. Basta citar, ainda no que diz com este aspecto, a posição 'geográfica' dos preceitos que consagraram a aplicabilidade direta dos direitos fundamentais (art. 5º, § 1º), bem como a abertura para outros direitos fundamentais ainda que não expressos no texto da Constituição (art. 5º, § 2º), ambos situados no final do rol do art. 5º, mas antes dos demais direitos do Título II". A amplitude do catálogo, em que pese seu cunho preponderantemente positivo, também revela ter suas fraquezas, porquanto no rol dos direitos fundamentais foram incluídas diversas posições jurídicas de 'fundamentalidade' ao menos discutível, conduzindo, como se tem verificado ao longo dos anos, a um desprestígio do especial *status* gozado pelos direitos fundamentais, muito embora não seja a quantidade de direitos fundamentais uma das principais causas de sua falta de prestígio e efetividade."

Porém, **nem sempre a dignidade da pessoa humana e a limitação do poder são critérios únicos** para conceituar os direitos fundamentais, uma vez que há outros direitos fundamentais que não têm ligação com a dignidade e nem com a limitação do poder, por exemplo: (i) as entidades associativas, quando expressamente autorizadas, têm legitimidade para representar seus filiados judicial ou extrajudicialmente, art. 5º, XXI; (ii) no caso de iminente perigo público, a autoridade competente poderá usar de propriedade particular, assegurada ao proprietário indenização ulterior, se houver dano, art. 5º, XXV; (iii) o direito de marca, art. 5º, XXIX; (iv) o direito ao lazer, art. 6º, e tantos outros. Nesse sentido, a doutrina[3].

Na verdade, o rótulo de direito fundamental é dado pelo constituinte ao direito que achar por bem receber essa etiqueta e foi o que aconteceu com o constituinte de 1988.

2 CONCEITO

Apesar desse contexto de dificuldades, para efeito deste estudo, pelo menos nas posições jurídicas essenciais, vale dizer, os básicos, os indispensáveis para uma existência digna, por exemplo, a saúde, a

---

[3] MARMELSTEIN, George. *Curso de direitos fundamentais*. 4. ed. São Paulo: Atlas, 2013, p. 20. "Nesse rol extenso, há direitos que não possuem uma ligação tão forte com a dignidade da pessoa humana nem com a limitação do poder. Pode- se mencionar, por exemplo, **o direito de marca** (art. 5º, XXIX. A lei assegurará aos autores de inventos industriais privilégio temporário para sua utilização, bem como proteção às criações industriais, à propriedade das marcas, aos nomes de empresas e a outros signos distintivos, técnico em vista o interesse social e o desenvolvimento técnico e econômico do País), o direito ao lazer (art. 6º), ou mesmo o direito dos trabalhadores à participação nos lucros das empresas (Art. 7º: 'São direitos dos trabalhadores urbanos e rurais, além de outros que visem à melhoria de sua condição social: (...) XI – participação nos lucros, ou resultados, desvinculada da remuneração, e, excepcionalmente, participação na gestão da empresa, conforme definido em lei'); entre outros semelhantes. São direitos importantes, mas talvez não tão essenciais. Poderiam perfeitamente estar fora do Título II ou até mesmo fora da Constituição (pode-se mencionar ainda o art. 13 da CF/88: 'a língua portuguesa é o idioma oficial da República Federativa do Brasil. § 1º São símbolos da República Federativa do Brasil a bandeira, o hino, as armas e o selo nacionais. § 2º: Os Estados, o Distrito Federal e os Municípios poderão ter símbolos próprios'). Trata-se de uma norma constitucional que não tem qualquer ligação com a dignidade da pessoa humana ou com a limitação do poder. Na verdade, nem mesmo sequer atribui direitos fundamentais a qualquer pessoa, que, por uma infeliz sistematização do constituinte, está dentro do Título II."

liberdade, a igualdade, a educação, a intimidade, a moradia etc., **direitos fundamentais são direitos público-subjetivos de pessoas físicas e jurídicas**, uma vez que a Constituição escolheu alguns direitos como fundamentais com o objetivo de promover a dignidade da pessoa humana e limitar o poder, embora estes nem sempre sejam critérios únicos porque há direitos fundamentais que orientam a outros princípios fundamentais.

Diferencial: promover a dignidade da pessoa humana e limitar o poder
Não há consenso na doutrina para definir direitos fundamentais[4].

3 PROTEÇÃO ESPECIAL

Os direitos fundamentais evidenciam uma proteção especial, uma vez que são normas jurídicas conectadas, na maior parte das vezes, com o **princípio da dignidade da pessoa humana** e com a **limitação do poder**, embora não únicos, logo, em uma dessas situações, muito provavelmente, estamos perante um direito fundamental que, por sua importância axiológica, irradia luz para todo o ordenamento jurídico, em que as demais normas, sejam constitucionais ou infraconstitucionais, inclusive, decisão judicial, têm que gravitar ao redor de um direito fundamental.

---

[4] SARLET, Ingo Wolfgang. *Curso de direito constitucional*. 2. ed. São Paulo: Revista dos Tribunais, 2012, p. 281. "(...) é possível definir direitos fundamentais como todas as posições jurídicas concernentes às pessoas (naturais ou jurídicas, consideradas na perspectiva individual ou transindividual) que do ponto de vista do direito constitucional positivo, foram expressa ou implicitamente, integradas à constituição e retirada da esfera de disponibilidade dos poderes constituídos, bem como todas as posições jurídicas que, por seu conteúdo e significado, possam- lhes ser equiparadas, tendo, ou não assento na constituição formal. Tal conceito inspirado na proposta formulada por Robert Alexy, embora submetido a algum ajuste, reflete, por um lado, a dupla fundamentalidade formal e material, e por outro, contempla a noção de uma abertura material do catálogo de direitos fundamentais, no sentido de um elenco inclusivo, tal como consagrado no art. 5º, § 2º, da CF."
MARMELSTEIN, George. Op. cit. p. 17. "(...) os direitos fundamentais são normas jurídicas, intimamente ligadas à ideia de dignidade da pessoa humana e de limitação do poder, positivas no plano constitucional de determinado Estado Democrático de Direito, que, por sua importância axiológica e fundamental legitimam todo o ordenamento jurídico."

4 FONTE PRIMÁRIA DOS DIREITOS FUNDAMENTAIS

Constituição Federal.

Portanto, não há que se falar em lei infraconstitucional nessa condição, uma vez que a lei, quando muito, irá densificar, ou seja, disciplinar o exercício do direito fundamental, mas nunca criá-lo diretamente[5].

A tradição (sem qualquer exceção) do nosso direito constitucional aponta para uma exclusão da legislação infraconstitucional como fonte de direitos materialmente fundamentais, até mesmo pelo fato de nunca ter havido qualquer referência à lei nos dispositivos que consagram a abertura de nosso catálogo de direitos, de tal sorte que nos posicionamos, em princípio, pela inadmissibilidade dessa espécie de direitos fundamentais em nossa ordem constitucional[6].

5 A EFICÁCIA HORIZONTAL DOS DIREITOS FUNDAMENTAIS NAS RELAÇÕES PRIVADAS

5.1 Introdução

O Supremo Tribunal Federal no **Recurso Extraordinário 201819/ RJ, relator p/ Acórdão Min. GILMAR MENDES**, julgamento em 11/10/2005, *DJ* 27-10-2006, PP-00064, asseverou:

> Ementa (no ponto que interessa). I. EFICÁCIA DOS DIREITOS FUNDAMENTAIS NAS RELAÇÕES PRIVADAS. <u>As violações a direitos fundamentais não ocorrem somente no âmbito das relações entre o cidadão e o Estado, mas igualmente nas relações travadas entre pessoas físicas e jurídicas de direito privado. Assim, os direitos fundamentais assegurados pela Constituição vinculam diretamente não apenas os poderes públicos, estando direcionados também à proteção dos particulares em face dos poderes privados</u> (RE 201819/ RJ – RIO DE JANEIRO. RECURSO EXTRAORDINÁRIO. Relatora: Min. ELLEN GRACIE. Relator p/ Acórdão: Min.

---

[5] MARMELSTEIN, George. Op. cit. p. 17.

[6] SARLET, Ingo Wolfgang. *A eficácia dos direitos fundamentais*. 6. ed. Porto Alegre: Livraria do Advogado, 2006, p. 103.

GILMAR MENDES. Julgamento: 11/10/2005. *DJ* 27-10-2006, PP-00064. Órgão Julgador: Segunda Turma).

Conforme se vê, os direitos fundamentais são oponíveis tanto ao Poder Público quanto aos particulares.

Nas relações entre o Particular e o Estado é chamada de eficácia vertical. Tem como objetivo a proteção do particular em face do Estado e de promover a dignidade da pessoa humana. O indivíduo é o titular dos direitos e o Estado o sujeito passivo.

Nas relações entre os particulares é chamada de eficácia horizontal. Objetiva a proteção do particular em face de outro particular, seja na questão de proteger a sua dignidade ou a liberdade.

5.2 Conceito

A eficácia horizontal dos direitos fundamentais é a aplicação direta dos direitos fundamentais nas relações privadas, sem necessidade de intermediação de leis infraconstitucionais, para proteger aquele que estiver em submissão em relação a outro particular, uma vez que nessa relação pode ocorrer que o ato de decidir de um particular fique reduzida a nada e esse ato de dependência ou submissão pode ferir o princípio da dignidade humana ou ainda o princípio da liberdade do outro. Nesse sentido, a doutrina[7].

5.3 Finalidade

Proteger, promover e garantir a **dignidade da pessoa humana**, assim como autonomia/liberdade aos indivíduos e de **limitar o poder**, embora não únicas. Conceder aos indivíduos uma posição jurídica de

---

[7] SARLET, Ingo Wolfgang; MARIONI, Luiz Guilherme; MITIDIERO, Daniel. *Curso de direito constitucional*. 2. ed. São Paulo: Revista dos Tribunais, 2013. p. 975-976. "Há discussão sobre a questão da eficácia dos direitos fundamentais, ou seja, sobre a eficácia dos direitos fundamentais sobre as relações entre particulares. Fala-se em eficácia imediata e mediata destes direitos sobre os sujeitos privados. A Eficácia mediata dependeria da mediação do Estado, ao contrário da eficácia imediata, que dispensaria tal intervenção. Como é intuitivo, a questão da eficácia dos direitos fundamentais sobre os particulares possui intima relação com o tema do controle da omissão institucional. Alude-se a eficácia mediata quando se diz que a força jurídica das normas constitucionais apenas

direito subjetivo, direito a algo, em sua maioria de natureza material, assim como de natureza processual.

Ademais, são direitos subjetivos que vinculam e limitam o poder do Estado e dos particulares e de aplicação imediata em virtude do princípio da máxima efetividade.

Em presença de direitos fundamentais, os bens que são objetos de proteção de índole constitucional, por exemplo, dignidade da pessoa humana, autonomia/liberdade, solidariedade, igualdade, moradia, saúde, tutela do consumidor, enfim, privam de uma virtude especial, são bens considerados sumamente valiosos, isto é, são bens essenciais, vitais, indispensáveis, enfim, é a posição jurídica subjetiva da qual se entende que não é possível alguém prescindir.

A eficácia horizontal dos direitos fundamentais tem um vínculo especial com o princípio da dignidade da pessoa humana, autonomia/liberdade e com a limitação dos poderes.

5.4 Fundamento

O § 1º do art. 5º, que determina a aplicabilidade imediata das normas de direitos fundamentais.

5.5 Eficácia dos direitos fundamentais entre particulares desiguais

Nas relações entre particulares, por exemplo, nas relações entre **os detentores de poder social e econômico** (bancos e multinacionais

---

pode se impor, em relação aos privados, por meio de normas infraconstitucionais e dos princípios de direito privado. Tal eficácia também existiria quando as normas constitucionais são utilizadas, dentro das linhas básicas do direito privado, para a concretização de cláusulas gerais e conceitos jurídicos indeterminados. De acordo com os adeptos da teoria imediata, ao inverso, os direitos fundamentais são aplicáveis diretamente sobre as relações entre particulares. Além de normas de valor, teriam importância como direitos subjetivos contra entidades privadas portadoras de poderes sociais ou mesmo contra indivíduos que tenham posição de supremacia em relação a outro particular. Chegando mais longe, admite-se a sua incidência imediata também em relação a pessoas 'comuns'. Ou seja, dispensa-se a intermediação do legislador, e assim as regras de direito privado, e se elimina a ideia de que os direitos fundamentais poderiam ser utilizados apenas para preencher as normas abertas pelo legislador ordinário."

etc.), e o **particular**, aqueles são capazes de causar danos e podem impor ônus ou obrigação ao particular tanto ou até mais do que o Estado infringindo a dignidade da pessoa humana do particular, uma vez que, **nessa relação, normalmente há desigualdade**.

Nessas relações jurídicas, por exemplo, nos contratos bancários (banco *versus* consumidor bancário) há falta de igualdade fática para estabelecer relações privadas justas, uma vez que o mais forte, banco, infringe o princípio da dignidade da pessoa humana (art. 1º, III, CF), do hipossuficiente porque nessas relações se identifica a proeminência de uma das partes sobre a outra, em outro dizer, são relações permeadas pelo poder e pela sujeição e o mais forte impõe cláusulas abusivas.

Nesse sentido, o desembargador do Tribunal Regional do Trabalho da 15ª Região, Campinas/SP/BR, Francisco Alberto da Motta Peixoto Giordani[8]:

> o poder econômico possui um, digamos assim, "apetite muito grande", em abocanhar boas fatias dos direitos fundamentais daqueles que dele dependem, por isso que há de ser-lhe preceituada uma dieta, à base de obrigação de respeito aos direitos fundamentais; essa "aptidão" do poder econômico foi apontada por **Luiz Carlos Forghieri Guimarães**, ao denunciar que: "A falta de igualdade fática para estabelecer suas relações privadas, normalmente o poder econômico, infringe o princípio da dignidade da pessoa humana (art. 1º, III, CF)"[9], e essa realidade, por si só, mais do que justifica, impõe, inarredavelmente, a observância dos direitos fundamentais (...).

No mesmo sentido, o Tribunal de Justiça do Rio Grande do Sul, na pessoa do desembargador Leonel Pires Ohlweiler, no corpo do acórdão, prequestionou[10]:

---

[8] A eficácia dos direitos fundamentais. In: Hologramática (itálico) – *Revista Académica de la Facultad de Ciencias Sociales – UNLZ*, año XI, n. 21, VI, p. 69-86. Disponível em: <www.hologramatica.com.ar>.

[9] GUIMARÃES, Luiz Carlos Forghieri; ROSÁRIO, Marcos Paulo (Col.). *Direitos fundamentais e relações desiguais*: poder econômico e o indivíduo. São Paulo: Letras Jurídicas, 2008, p. 15.

[10] Número: 70050885383 Inteiro Teor: Tipo de Processo: Apelação Cível. Tribunal de Justiça do RS. Classe CNJ: Apelação. Órgão Julgador: 9ª Câmara Cível. Comarca de

Oportuna, neste ponto, a observação de **Luiz Carlos Forghieri Guimarães**, segundo o qual "O verbo facilitar tem que ser entendido não só no sentido da concessão do crédito, mas também da possibilidade da concessão da sua quitação. Daí a necessidade de proteger os interesses econômicos e financeiros do mutuário, impondo uma harmonia na relação negocial que garanta o direito de habitação sem afetar a sua dignidade, saúde e segurança jurídica" (SFH, Sistema Financeiro de Habitação. *Revisão de contratos*: de acordo com a Constituição Federal e a matemática financeira. São Paulo: Quartier Latin, 2006, p. 72-73).

É notório que os contratos bancários são relações permeadas pelo poder e pela sujeição e o mais forte impõe cláusulas abusivas, veja:

Juros altamente excessivos, por exemplo, no cartão de crédito 482,01% ao ano em novembro de 2016, cheque especial: em torno de 300% em 2016, uma das maiores taxas do mundo, enquanto a inflação prevista para 2016 em torno de 6,5% ao ano, a taxa Selic em dezembro de 2016, em 13,25% ao ano, e o assalariado (ou aposentado) com reajuste anual em média de 8% ao ano.

Como o consumidor bancário nessa relação tão desigual pode cumprir a sua obrigação?

Jamais conseguirá ou, se conseguir, deverá vender parte do seu patrimônio conquistado ao longo da sua vida para quitar a sua dívida.

Outra pergunta instigante:

Que função social exerce esse contrato bancário com cláusulas draconianas?

Por óbvio que esse contrato bancário não exerce a sua função social.

As taxas de juros praticadas pelos bancos, no exemplo dado, ferem a dignidade da pessoa humana e os valores sociais do trabalho; impedem que se construa uma sociedade justa, livre e solidária; impedem o desenvolvimento nacional; criam pobreza e marginalização; não promovem o bem de todos; infringem o código de defesa do consumidor; infringem a ordem econômica e financeira; em outras palavras, tudo que a Constituição não quer está contido nessas taxas de juros. Então,

---

Origem: Comarca de Porto Alegre. Seção: CÍVEL. Assunto CNJ: Sistema Financeiro da Habitação. Data de Julgamento: 27/3/2013. Publicação: *Diário da Justiça* do dia 1º/4/2013.

em juízo de ponderação, é de se concluir que esses juros são inconstitucionais, tendo em vista que não atingem os objetivos de fomentar o crescimento e de servir aos interesses da coletividade.

Pretende-se deixar bem claro, neste estudo, que não se proíbe o lucro, muito pelo contrário, até porque a ordem constitucional econômica assevera que vivemos sob um regime capitalista, mas o direito de cobrar juros não pode chegar à desmedida de quebrar a indústria, o comércio e o cidadão, *a contrario sensu*, os juros devem estar dentro dos limites que os tornem compatíveis com a realidade socioeconômica do mercado, com o custo real do dinheiro e com os princípios constitucionais.

Outro exemplo é a capitalização mensal, seja porque geralmente não está expressa em cláusula contratual de forma clara, seja porque a expressão criada pelo STJ "taxa de juros anual superior ao duodécuplo da mensal é suficiente para permitir a cobrança da taxa efetiva anual", para permitir a capitalização, ou seja, como se o consumidor bancário pudesse entender que está expressa em cláusula contratual de forma clara a capitalização mensal. É de saltar aos olhos essa injustiça por ser altamente protetiva aos bancos em detrimento dos consumidores.

Outra questão nesses contratos bancários são as cobranças de tarifas e taxas exorbitantes, inclusive, a comissão de permanência que em alguns casos os bancos cobram 0,6% ao dia, em caso de atraso no pagamento das parcelas, isso, multiplicado por 30 dias chega a 18% ao mês, enquanto que a inflação prevista para o ano de 2015 foi de 9% ao ano.

O contrato de adesão bancário é um dos tipos, dentre outros, de "concepção socializante de contrato" produzido pelo Estado Social de Direito que ofende vários direitos fundamentais da Constituição Federal, insista-se:

- A dignidade da pessoa humana, art. 1º, III, da CF/88.
- O princípio da solidariedade, art. 3º, I, da CF/88.
- O princípio de promover o bem de todos, art. 3º, IV.
- A tutela/proteção do consumidor, art. 5º, XXXII.
- O direito fundamental à moradia, art. 6º da CF/88, quando o mutuário compra o imóvel via financiamento bancário.
- Princípio da proibição do retrocesso social do direito fundamental social à moradia via financiamento habitacional.

- Cláusula pétrea implícita, art. 60, § 4º, direitos e garantias individuais, vale dizer, alguns direitos fundamentais que não estão previstos no art. 5º da CF/88, mas, desde que inseparáveis dos direitos individuais ou ligados ao princípio da dignidade da pessoa humana, e o caso, por exemplo, dos contratos bancários.
- Princípio da proporcionalidade, por excesso.
- A ordem econômica, art. 170 da CF/88.

Mediante os argumentos expendidos é de uma clareza solar que, tudo que a Constituição não quer está contido nesse tipo de "concepção socializante de contrato que fere o núcleo central dos direitos fundamentais", art. 1º, III, da CF/88, a dignidade da pessoa humana, daí a aplicação direta e imediata dos direitos fundamentais nessas relações desiguais entre particulares que, tecnicamente, chama-se eficácia horizontal dos direitos fundamentais para coibir essas ilicitudes que afrontam a dignidade da pessoa humana que é o núcleo central do direito fundamental que não pode ser nulificado.

Não podem os particulares, com amparo no princípio da autonomia da vontade (que rege a celebração dos negócios privados), afastar livremente os direitos fundamentais[11].

Nenhuma norma infraconstitucional ou decisão judicial que violar os valores contidos nos direitos fundamentais será considerada inconstitucional.

5.6 Posição da doutrina

DIRLEY DA CUNHA JR. "(...) Com a complexidade das relações sociais, agravadas pela crescente e lamentável desigualdade entre os homens, a doutrina dos direitos humanos começou a perceber que a opressão das liberdades não decorria apenas do Estado, mas também de se estender a eficácia dos direitos fundamentais às relações havidas entre os homens, com o fim de proteger o homem da prepotência do próprio homem, em especial de pessoas, grupos e organizações privadas poderosas"[12].

---

[11] PAULO, Vicente, ob. cit., p. 112.

[12] *Curso de direito constitucional.* 7. ed. Salvador: Juspodivm, 2013, p. 620.

INGO WOLFGANG SARLET. "Acredito com absoluto acerto, que há possibilidade de se transpor diretamente o princípio vinculante dos direitos fundamentais para a esfera privada quando se cuida de relações desiguais de poder entre as grandes corporações empresariais e o particular, porque similar à desigualdade que se estabelece entre o indivíduo e o Estado"[13].

LUIZ CARLOS FORGHIERI GUIMARÃES. "As violações a direitos fundamentais não ocorrerem somente no âmbito das relações entre o cidadão e o Estado como outrora, mas, hodiernamente, também nas relações travadas entre pessoas físicas e jurídicas de direito privado"[14].

CARLOS WAGNER DIAS FERREIRA. "A mais significativa mudança de paradigma ocorrido na segunda metade do século XX foi o abandono da concepção que os direitos fundamentais somente se apresentavam em oposição ao Estado, seja como uma abstenção (liberdade públicas), seja como uma prestação (predominantemente direitos sociais). Nessa nova ótica, os direitos fundamentais desempenhariam uma função adicional de expressar um sistema de valores, válido para todo o ordenamento jurídico. Era o ponto de partida para uma constitucionalização do direito e uma ampliação da própria força normativa da Constituição. A Constituição, nesse sentido, seria, uma ordem objetiva de valores. Como ordem objetiva de valores, a Constituição serviria para impor normas de comportamento e de convivência aos indivíduos, estabelecendo um padrão axiológico e ético que incidiria sobre todas as esferas do direito, não se limitando tão-somente às relações mantidas entre indivíduo e o Estado. Os direitos fundamentais também alcançariam as relações entre indivíduo e indivíduo"[15].

DANIEL SARMENTO. "No contexto da economia capitalista, o poder crescente de instâncias não estatais como as grandes empresas e associações, tornaram-se uma ameaça para os direitos do homem, que não poderia ser negligenciada, exigindo que a artilharia destes direitos se voltasse também para os atores privados. Estes, que até então eram apenas titulares de direitos humanos oponíveis em face do Estado, assumem agora em determinados contextos, a condição de sujeitos

---

[13] *A eficácia dos direitos fundamentais*, cit., p. 338.

[14] *Direitos fundamentais e relações desiguais nos contratos bancários*. São Paulo: Letras Jurídicas, 2012, p. 69.

[15] *Contratos e eficácia dos direitos fundamentais*. Curitiba: Juruá, 2010, p. 89.

passivos de tais direitos. Se a opressão e a injustiça não provêm apenas dos poderes públicos, surgindo também nas relações privadas travadas no mercado, nas relações laborais, na sociedade civil, na família e em tantos outros espaços, nada mais lógico do que estender a estes domínios o raio de incidência dos direitos fundamentais, sob pena de frustração dos ideais morais e humanitários em que eles se lastreiam"[16].

5.7 Posição do STF

O tema, de fato, não é novo, já amplamente debatido pelo Supremo Tribunal Federal conforme se vê dos julgados dos direitos fundamentais nas relações entre particulares.

O primeiro caso, cuja ementa segue abaixo, foi bem esclarecedor para asseverar que os direitos fundamentais incidem também nas relações jurídicas privadas, inclusive, entre particular e pessoa jurídica.

> **Ementa:** SOCIEDADE CIVIL SEM FINS LUCRATIVOS. UNIÃO BRASILEIRA DE COMPOSITORES. EXCLUSÃO DE SÓCIO SEM GARANTIA DA AMPLA DEFESA E DO CONTRADITÓRIO. EFICÁCIA DOS DIREITOS FUNDAMENTAIS NAS RELAÇÕES PRIVADAS. RECURSO DESPROVIDO. I. EFICÁCIA DOS DIREITOS FUNDAMENTAIS NAS RELAÇÕES PRIVADAS. <u>As violações a direitos fundamentais não ocorrem somente no âmbito das relações entre o cidadão e o Estado, mas igualmente nas relações travadas entre pessoas físicas e jurídicas de direito privado. Assim, os direitos fundamentais assegurados pela Constituição vinculam diretamente não apenas os poderes públicos, estando direcionados também à proteção dos particulares em face dos poderes privados</u>. II. OS PRINCÍPIOS CONSTITUCIONAIS COMO LIMITES À AUTONOMIA PRIVADA DAS ASSOCIAÇÕES. A ordem jurídico-constitucional brasileira não conferiu a qualquer associação civil a possibilidade de agir à revelia dos princípios inscritos nas leis e, em especial, dos postulados que têm por fundamento direto o próprio texto da Constituição da República, notadamente em tema de proteção às liberdades e garantias fundamentais. O espaço de autonomia privada garantido pela Constituição às associações não está imune

---

[16] *Direitos fundamentais e relações privadas.* Rio de Janeiro: Lumen Juris, s. d., p. 25.

à incidência dos princípios constitucionais que asseguram o respeito aos direitos fundamentais de seus associados. A autonomia privada, que encontra claras limitações de ordem jurídica, não pode ser exercida em detrimento ou com desrespeito aos direitos e garantias de terceiros, especialmente aqueles positivados em sede constitucional, pois a autonomia da vontade não confere aos particulares, no domínio de sua incidência e atuação, o poder de transgredir ou de ignorar as restrições postas e definidas pela própria Constituição, cuja eficácia e força normativa também se impõem, aos particulares, no âmbito de suas relações privadas, em tema de liberdades fundamentais. III. SOCIEDADE CIVIL SEM FINS LUCRATIVOS. ENTIDADE QUE INTEGRA ESPAÇO PÚBLICO, AINDA QUE NÃO ESTATAL. ATIVIDADE DE CARÁTER PÚBLICO. EXCLUSÃO DE SÓCIO SEM GARANTIA DO DEVIDO PROCESSO LEGAL. APLICAÇÃO DIRETA DOS DIREITOS FUNDAMENTAIS À AMPLA DEFESA E AO CONTRADITÓRIO. As associações privadas que exercem função predominante em determinado âmbito econômico e/ou social, mantendo seus associados em relações de dependência econômica e/ou social, integram o que se pode denominar de espaço público, ainda que não estatal. A União Brasileira de Compositores – UBC, sociedade civil sem fins lucrativos, integra a estrutura do ECAD e, portanto, assume posição privilegiada para determinar a extensão do gozo e fruição dos direitos autorais de seus associados. A exclusão de sócio do quadro social da UBC, sem qualquer garantia de ampla defesa, do contraditório, ou do devido processo constitucional, onera consideravelmente o recorrido, o qual fica impossibilitado de perceber os direitos autorais relativos à execução de suas obras. A vedação das garantias constitucionais do devido processo legal acaba por restringir a própria liberdade de exercício profissional do sócio. O caráter público da atividade exercida pela sociedade e a dependência do vínculo associativo para o exercício profissional de seus sócios legitimam, no caso concreto, a aplicação direta dos direitos fundamentais concernentes ao devido processo legal, ao contraditório e à ampla defesa (art. 5º, LIV e LV, CF/88). IV. RECURSO EXTRAORDINÁRIO DESPROVIDO[17].

---

[17] RE 201819/RJ – RIO DE JANEIRO. RECURSO EXTRAORDINÁRIO. Relatora: Min. ELLEN GRACIE. Relator p/ Acórdão: Min. GILMAR MENDES. Julgamento:

O caso que veremos a seguir trata-se da decisão do Recurso Extraordinário 161.243, referente a um funcionário brasileiro da Air France para o qual não foram estendidos alguns benefícios previstos no plano de carreira da empresa, exclusivos aos funcionários franceses. O STF decidiu que o princípio da igualdade deve ser respeitado em qualquer relação, inclusive entre particulares.

> **Ementa:** CONSTITUCIONAL. TRABALHO. PRINCÍPIO DA IGUALDADE. TRABALHADOR BRASILEIRO EMPREGADO DE EMPRESA ESTRANGEIRA: ESTATUTOS DO PESSOAL DESTA: APLICABILIDADE AO TRABALHADOR ESTRANGEIRO E AO TRABALHADOR BRASILEIRO. CF, 1967, art. 153, § 1º; CF, 1988, art. 5º, *caput*. I – Ao recorrente, por não ser francês, não obstante trabalhar para a empresa francesa, no Brasil, não foi aplicado o Estatuto do Pessoal da Empresa, que concede vantagens aos empregados, cuja aplicabilidade seria restrita ao empregado de nacionalidade francesa. Ofensa ao princípio da igualdade: CF, 1967, art. 153, § 1º; CF, 1988, art. 5º, *caput*). II – A discriminação que se baseia em atributo, qualidade, nota intrínseca ou extrínseca do indivíduo, como o sexo, a raça, a nacionalidade, o credo religioso etc., é inconstitucional. Precedente do STF: Ag 110.846(AgRg)-PR, Célio Borja, *RTJ* 119/465. III – Fatores que autorizariam a desigualação não ocorrentes no caso. IV – RE Conhecido e provido[18].

Em outro julgamento, Recurso Extraordinário 158.215, o STF entendeu que a expulsão sumária de associados de uma Cooperativa do Rio Grande do Sul sem observar as regras estatutárias, tão somente porque os associados expulsos teriam feito um desafio neste sentido na imprensa local, importava em violação do direito fundamental de ampla defesa, preceito de ordem pública que não pode ser desobedecido em nenhum âmbito.

> **Ementa.** COOPERATIVA – EXCLUSÃO DE ASSOCIADO – CARÁTER PUNITIVO- DEVIDO PROCESSO LEGAL. Na hipótese de exclusão de associado decorrente de conduta contrária aos estatutos, impõe-se a observância ao devido processo legal, viabi-

---

11/10/2005 Órgão Julgador: Segunda Turma.

[18] RE 161243/DF – DISTRITO FEDERAL. RECURSO EXTRAORDINÁRIO. Relator: Min. CARLOS VELLOSO. Julgamento: 29/10/1996. Órgão Julgador: Segunda Turma.

lizado o exercício amplo da defesa. Simples desafio do associado à Assembleia geral, no que toca à exclusão, não é de molde a atrair adoção de processo sumário. Observância obrigatória do próprio estatuto da cooperativa[19].

E, finalmente, o STF entendeu como "constrangimento ilegal" a revista íntima em mulheres em fábrica de lingerie.

> EMENTA. I. Recurso extraordinário: legitimação da ofendida – ainda que equivocadamente arrolada como testemunha –, não habilitada anteriormente, o que, porém, não a inibe de interpor o recurso, nos quinze dias seguintes ao termino do prazo do Ministério Público, (STF, Sums. 210 e 448). II. Constrangimento ilegal: submissão das operarias de indústria de vestuário a revista intima, sob ameaça de dispensa; sentença condenatória de primeiro grau fundada na garantia constitucional da intimidade e acórdão absolutório do Tribunal de Justiça, porque o constrangimento questionado a intimidade das trabalhadoras, embora existente, fora admitido por sua adesão ao contrato de trabalho: questão que, malgrado a sua relevância constitucional, já não pode ser solvida neste processo, dada a prescrição superveniente, contada desde a sentença de primeira instância e jamais interrompida, desde então[20].

5.8 Posição do Tribunal de Justiça de Santa Catarina

> Ementa. **DIREITOS FUNDAMENTAIS QUE, POR SUA EFICÁCIA HORIZONTAL, TÊM SEU ESPECTRO DE IRRADIAÇÃO ESTENDIDO TAMBÉM ÀS RELAÇÕES ENTRE PARTICULARES.** OBSERVÂNCIA, ADEMAIS, DA FUNÇÃO SOCIAL DO CONTRATO E DA CLÁUSULA GERAL DE BOA-FÉ, QUE DEVE PERMEAR TODA SUA EXECUÇÃO (Processo: 2014.077813-7 (Acórdão). Relator: Ronei Danielli. Origem: Lages. Órgão Julgador: Sexta Câmara de Direito Civil. Julgado em: 3/2/2015).

---

[19] RE 158215/RS – RIO GRANDE DO SUL. RECURSO EXTRAORDINÁRIO. Relator: Min. MARCO AURÉLIO. Julgamento: 30/4/1996 Órgão Julgador: Segunda Turma.

[20] RE 160222/RJ – RIO DE JANEIRO. RECURSO EXTRAORDINÁRIO. Relator: Min. SEPÚLVEDA PERTENCE. Julgamento: 11/4/1995. Órgão Julgador: Primeira Turma.

CAPÍTULO II

JUROS REMUNERATÓRIOS. PARADIGMA. RESP N. 1.061.530-RS

1 INTRODUÇÃO

Não há norma legal regulamentando os juros remuneratórios.

O que existe é o REsp 1.061.530-RS que, no momento, determina a forma de cobrança dos juros remuneratórios pelas instituições financeiras perante os consumidores bancários.

Portanto, as instituições financeiras não podem impor a cobrança de juros em qualquer percentual, ao seu puro alvedrio. Os juros remuneratórios não estão totalmente liberados, sem nenhum controle efetivo, até porque, se assim fosse oneraria excessivamente o consumidor e estaria afrontando o espírito do REsp 1.061.530-RS.

Ademais, o operador do Direito não deve ler somente a ementa, mas principalmente o conteúdo do acórdão porque não é incomum encontrar ementa divergindo do corpo do acórdão, além disso, o esclarecimento efetivo para bem entender o acórdão vem do seu conteúdo. Essa questão é fundamental.

2 RESP N. 1.061.530-RS

A questão dos juros remuneratórios foi analisada pela Segunda Seção no julgamento do Recurso Especial n. 1.061.530-RS, data do julgamento:

22/10/2008, *DJe* 10/3/2009, recurso representativo, com o propósito de estabelecer paradigma de julgamento, sob o rito do art. 543-C do Código de Processo Civil, de relatoria da Ministra NANCY ANDRIGHI.

Oportuna a transcrição de trecho do acórdão, pois, é nesse ponto que se extrai a tese jurídica fixada (*ratio decidendi*) que servirá de parâmetro para os demais casos similares, e não da ementa.

Veja:

> Assim, dentro do universo regulatório atual, a taxa média (**leia-se: taxa média de mercado divulgada pelo Bacen**) constitui o melhor parâmetro para a elaboração de um juízo sobre abusividade. Como média, não se pode exigir que todos os empréstimos sejam feitos segundo essa taxa. Se isto ocorresse, a taxa média deixaria de ser o que é, para ser um valor fixo. Há, portanto, que se admitir uma faixa razoável para a variação dos juros (fls. 18). (grifo meu)

Portanto, pode-se concluir:

As instituições financeiras têm como parâmetro, "mas não como limite", a taxa média de mercado divulgada pelo Bacen, em operações da mesma natureza, admitindo-se uma faixa razoável para a variação dos juros.

A expressão "mas não como limite" não quer dizer que as taxas de juros podem ser ilimitadas ou consignadas de forma desarrazoadas. Tem que respeitar o espírito do acórdão.

Na expressão "faixa razoável para variação dos juros", os dicionários ensinam que razoável "não é excessivo"; "é moderado", "é módico".

3 COMO SABER SE OCORREU ABUSIVIDADE NA COBRANÇA DE JUROS REMUNERATÓRIOS?

A expressão, do trecho do acórdão REsp 1.061.530/RS, "há, portanto, que se admitir uma faixa razoável para a variação dos juros", não significa autorizar taxa de juros à vontade da instituição financeira, pelo contrário, entendo que deve ser entendida aquela que **não ultrapassar até 10% sobre a taxa média de mercado divulgada pelo Bacen** em operações da mesma natureza, visto que o acréscimo de até 10% além da taxa média de mercado é módico, é moderado, e não excessivo. Aqui não se fala em imposição de limites, mas de adequação de até 10% ao significado de "faixa razoável para variação dos juros".

Portanto, a abusividade dos juros remuneratórios ocorre quando a cobrança ultrapassar 10% sobre a taxa média de mercado divulgada pelo Bacen, em operações da mesma natureza, até porque mais do que isso é abuso, causa insegurança jurídica e viola o sentido do REsp 1.061.530-RS.

A contrario sensu, se a cobrança exceder a taxa média de mercado, mas não ultrapassar o acréscimo de até 10% sobre a taxa média de mercado divulgada pelo Bacen não ocorreu a abusividade porque dentro da faixa razoável para variação dos juros conforme determina o REsp 1.061.530-RS.

Nesse sentido, a jurisprudência:

Tribunal de Justiça de Santa Catarina:

No corpo do acórdão asseverou o eminente Desembargador **relator:** José Carlos Carstens Köhler. Processo: 2016.024614-8 (Acórdão). **Origem:** Capital. Bancário. **Órgão Julgador:** Quarta Câmara de Direito Comercial. **Julgado em:** 24/5/2016.

> Tendo em vista consulta ao site do Banco Central do Brasil (www.bcb.gov.br), é possível verificar que a taxa de juros praticada em mercado para operações ativas/juros prefixados/pessoa jurídica/capital de giro, quando avençado o pacto originariamente – 28/10/09, fls. 168-176 – era de 31,14% ao ano. **Por terem os Contendores estipulado esse encargo em 76,9357% a.m., ou seja, muito maior que 10% acima da taxa média,** flagrante a ocorrência de abusividade, por colocarem a Consumidora em desvantagem exagerada, na forma do art. 51, § 1º, do Código de Defesa do Consumidor. Dessarte, deve ser mantida incólume a sentença nesta seara.

Outro,

No corpo do acórdão a eminente Desembargadora relatora Soraya Nunes Lins, da Quinta Câmara de Direito Comercial, do Tribunal de Justiça do Estado de Santa Catarina prequestionou:

> Nesse tópico, relevante a observação que o eminente Des. Jorge Schaefer Martins fez consignar quando da relatoria da Apelação

Cível n. 209.06162-7, no sentido de que a taxa média se mostra um valioso referencial para o juiz. Entretanto, conforme lição recolhida do voto da Ministra Nancy Andrighi no REsp. n. 1.061.530/RS, "Como média, não se pode exigir que todos os empréstimos sejam feitos segundo essa taxa. Se isto ocorresse, a taxa média deixaria de ser o que é, para ser um valor fixo. Há, portanto, que se admitir uma faixa razoável para a variação dos juros". (...). **Nessa linha, tenho por bem resguardar uma margem máxima de dez por cento (10%) acima da taxa média como razoável, reconhecendo-se este o limite para a contratação dos juros pelas partes.** Portanto, convém que se observe a taxa média de mercado como teto máximo a funcionar como parâmetro restritivo sobre o percentual de juros fixados contratualmente pelas partes. No caso dos autos, a taxa de juros foi pactuada em 32,9% a.a., sendo que a taxa média de mercado, à época do pacto, era de 25,2% a.a. (janeiro/2010), razão pela qual é abusiva e, consequentemente, imperativa sua redução (fls. 113-115) (Apelação Cível n. 2014.094122-8. **Origem:** Capital. **Órgão Julgador:** Quinta Câmara de Direito Comercial. Relatora: Soraya Nunes Lins. **Julgado em:** 16/4/2015).

4 A FUNÇÃO DO INTÉRPRETE

Constitui regra básica da hermenêutica jurídica que, onde o legislador não distingue, não cabe ao intérprete fazê-lo, sobretudo quando resultar em exegese que limita o exercício de direitos, se postando contrariamente ao espírito da própria norma interpretada.

Ao intérprete cabe a busca do sentido exato do REsp 1.061.530-RS. Não deve dilatar e nem restringir. O sentido exato do REsp 1.061.530-RS o intérprete vai encontrar no corpo do acórdão, e não na ementa, que menciona em síntese: "juros remuneratórios à taxa média de mercado divulgada pelo Bacen, em operações da mesma natureza, (...) há portanto, que se admitir uma faixa razoável para a variação dos juros".

Portanto, o intérprete não pode dispor que somente são abusivas aquelas taxas de juros que excederem a 30%, a 50%, a uma vez e meia, ao dobro, ao triplo da taxa média de mercado divulgada pelo Bacen, ou ainda, que as instituições financeiras não estão sujeitas à limitação dos juros remuneratórios porque afasta-se visceralmente do REsp 1.061.530/ RS, consequentemente, são decisões ilegais.

5 CADA TRIBUNAL DECIDE DE FORMA DIFERENTE SOBRE O MESMO TEMA

Essa questão de juros remuneratórios tem gerado divergências em todas as instâncias judiciais.

Não é aceitável que os diversos tribunais de justiça manifestem entendimentos diferentes sobre juros remuneratórios.

Não parece possível que uma mesma tese jurídica possa receber tratamento absolutamente distinto, dentro de um mesmo tribunal ou entre tribunais da federação, inclusive dentro do próprio STJ, descaracterizando o conceito de razoável do REsp 1.061.530-RS.

Ocorrem decisões extremamente discrepantes em relação ao REsp 1.061.530-RS, além do mais, violam os direitos fundamentais da Constituição Federal, beneficiando as instituições financeiras em detrimento dos consumidores bancários.

Veja:

Superior Tribunal de Justiça

Inicialmente, o STJ tinha entendimento pacificado que os juros remuneratórios cobrados pelos Bancos tinham como limite a taxa de mercado estabelecido pelo Bacen. Veja:

> Ementa. Ação revisional. Contrato bancário. Juros remuneratórios. **Limitação à taxa média de mercado** (AgRg no Ag 1393805/CE. Agravo Regimental no Agravo de Instrumento. 2011/0007005-9. Relator: Ministro SIDNEI BENETI (1137). Data do Julgamento: 13/12/2011).

Posteriormente ocorreu nova releitura, ou seja, se a taxa de juros remuneratórios praticada pela instituição financeira exceder a taxa média do mercado não induz, por si só, a conclusão de abusividade. Vale dizer, a taxa de juros remuneratórios do Bacen serve de referencial e não de limite. Veja:

Ementa. AGRAVO REGIMENTAL NO RECURSO ESPECIAL – AÇÃO REVISIONAL DE CONTRATO BANCÁRIO – DECISÃO MONOCRÁTICA NEGANDO SEGUIMENTO AO RECURSO ESPECIAL. IRRESIGNAÇÃO DA CASA BANCÁRIA. 1. "A circunstância de a taxa de juros remuneratórios praticada pela instituição financeira exceder a taxa média do mercado **não induz, por si só, a conclusão de abusividade, consistindo a referida taxa em um referencial a ser considerado, e não em um limite que deva ser necessariamente observado pelas instituições financeiras**" (AgRg nos EDcl no Ag 1322378/RN, rel. Ministro RAUL ARAÚJO, QUARTA TURMA, *DJe* de 1º/8/2011). Para derruir a fundamentação do Tribunal local que concluiu pela cabal abusividade na pactuação dos juros remuneratórios, seria imprescindível o reenfrentamento do acervo fático e probatórios dos autos, providência vedada a esta Corte Superior pelos óbices das súmulas 5 e 7/STJ (AgRg no REsp 1.414.469/SC. AGRAVO REGIMENTAL NO RECURSO ESPECIAL 2013/0353631-0. Ministro MARCO BUZZI (1149). T4 – QUARTA TURMA. Data do Julgamento: 18/2/2014).

E, **finalmente**, há a terceira releitura do STJ no sentido de que os juros remuneratórios somente seriam abusivos se o percentual cobrado pelos bancos exceder **a uma vez e meia, ao dobro** ou **ao triplo da taxa média de mercado**.

No corpo do acórdão constou:

Logo, para que se reconheça abusividade no percentual de juros, não basta o fato de a taxa contratada suplantar a média de mercado, devendo-se observar uma tolerância a partir daquele patamar, de modo que a vantagem exagerada, justificadora da limitação judicial, só emergirá quando o percentual avençado exacerbar **uma vez e meia, ao dobro** ou **ao triplo** da taxa média de mercado (AgRg no REsp1.256.894. Relator: Ministro Marco Buzzi. Data do Julgamento: 16/10/2012).

Veja, agora, os Tribunais Ordinários da Federação:

Tribunal de Justiça de Santa Catarina. Ementa (no ponto que interessa). JUROS REMUNERATÓRIOS. TAXA CONTRATADA.

ÍNDICE QUE NÃO SUPERA A MÉDIA DE MERCADO EM MAIS DE 50%. ABUSIVIDADE NÃO CARACTERIZADA. "Em regra, não há abusividade na hipótese em que a taxa mensal de juros remuneratórios contratada supere a média de mercado em até 50% (cinquenta por cento)" (TJSC, Ap. Cív. 2014.004819-9, rel. Des. Ricardo Fontes, j. em 3/2/2014). (Processo: 2015.011432-9 (Acórdão). **Relatora:** Janice Goulart Garcia Ubialli. **Origem:** Capital. **Órgão Julgador:** Primeira Câmara de Direito Comercial. **Julgado em:** 16/4/2015).

Outra,

Tribunal de Justiça do Rio Grande do Sul. Ementa: APELAÇÃO CÍVEL. NEGÓCIOS JURÍDICOS BANCÁRIOS. AÇÃO ORDINÁRIA DE REVISÃO CONTRATUAL CUMULADA COM PEDIDO DE ANTECIPAÇÃO DE TUTELA. CONTRATO DE EMPRÉSTIMO PESSOAL. JUROS REMUNERATÓRIOS. Possível a limitação dos juros remuneratórios praticados quando **excederem a uma vez e meia a taxa média de mercado**, divulgada pelo Banco Central do Brasil. No caso em apreço, contudo, devem ser mantidas as taxas de contratadas, porquanto não ultrapassam uma vez e meia a média de mercado (Apelação Cível n. 70072041965, Décima Segunda Câmara Cível, Tribunal de Justiça do RS, Relatora: Ana Lúcia Carvalho Pinto Vieira Rebout, Julgado em 23/2/2017).

E, finalmente,

Tribunal de Justiça de São Paulo. Ementa: REVISIONAL DE CONTRATO BANCÁRIO. CÉDULA DE CRÉDITO BANCÁRIO. JUROS. **Instituições financeiras que não estão sujeitas à limitação de juros remuneratórios**. (1105094-23.2014.8.26.0100 Apelação/Bancários. **Relator:** Afonso Bráz. **Comarca:** São Paulo. **Órgão julgador:** 17ª Câmara de Direito Privado. **Data do julgamento:** 30/4/2015. **Data de registro:** 1º/5/2015).

Não é preciso ser especialista para perceber que as decisões acima estão em descompasso com o bom Direito, visto que, além de decidirem com fundamentos extremamente diferentes, destoam significativamente do REsp 1.061.530/RS.

Enfim, não precisa ser nenhum intelectual para entender que "permitir uma faixa razoável de variação dos juros tendo como base a taxa média de mercado divulgada pelo Bacen", conforme se extrai do corpo do acórdão do REsp 1.061.530-RS, não é mesma coisa de decisões extremadas que vigoram: **(I)** "somente seriam abusivos se o percentual cobrado pelos bancos exceder a uma vez e meia, ao dobro ou ao triplo da taxa média de mercado"; **(II)** "Em regra, não há abusividade na hipótese em que a taxa mensal de juros remuneratórios contratada supere a média de mercado em até 50% (cinquenta por cento)"; **(III)** "São abusivos apenas se fixados em valor expressivamente superior à taxa média do mercado divulgada pelo BACEN para o período da contratação"; **(IV)** "Instituições financeiras não estão sujeitas à limitação de juros remuneratórios".

6 O PODER DE COBRAR JUROS NÃO PODE CHEGAR À DESMEDIDA DE QUEBRAR A INDÚSTRIA, O COMERCIO E O CIDADÃO

Os juros que os bancos cobram dos clientes causam onerosidade excessiva.

Não se pode esquecer que o poder de cobrar juros não pode chegar à desmedida de quebrar a indústria, o comércio e o cidadão, muito pelo contrário, os juros devem estar dentro dos limites que os tornem compatíveis com o sentido do REsp 1.061.530/RS, com a ADI 2.591/DF e sem violar os direitos fundamentais, dentre os quais:

- art. 1º, III – a dignidade da pessoa humana que reclama condições mínimas de existência. É de se lembrar que constitui um desrespeito à dignidade da pessoa humana a taxa de juros remuneratórios que são cobrados nos dias de hoje, por exemplo, no cheque especial em torno de 250% ao ano, no cartão de crédito por volta de 450% ao ano, nos empréstimos pessoais em torno de 30% ao ano, enquanto que a previsão para a inflação em 2016 em torno de 7,5% ao ano, o assalariado com aumento em torno de 8% ao ano, enfim, esse descompasso levará a pessoa humana à fome, à miséria e a indústria à quebradeira. Não é concebível

uma vida com dignidade nessas condições, porquanto a liberdade humana se debilita quando o homem cai na extrema necessidade;
- art. 3º, I – construir uma sociedade livre, justa e solidária; II – garantir o desenvolvimento nacional; III – erradicar a pobreza e a marginalização; IV – o bem-estar de todos;
- art. 5º, *caput* – princípio da igualdade, uma vez que as decisões judiciais, as leis e as cláusulas contratuais devem ser elaboradas de modo que todos sejam iguais perante a lei, logo, este princípio refuta situações que venham a dar tratamento desproporcional às pessoas, e convenhamos, com sinceridade intelectual, há muito tempo chama atenção à assimetria entre o princípio da igualdade e as cláusulas contratuais nas relações jurídicas entre os desiguais, em especial, os juros remuneratórios excessivos;
- art. 5º, XXXII – a defesa do consumidor, porque não há dúvida que a taxa de juros remuneratórios conforme acima mencionado, aniquilam de morte o núcleo central do direito fundamental, a dignidade da pessoa humana; Ademais, conforme mencionado no capítulo dos direitos fundamentais, os direitos individuais são passíveis de restrições, entretanto, estas são limitadas para preservar o princípio da proteção do núcleo essencial que destina-se a evitar o esvaziamento do conteúdo do direito fundamental decorrente de restrições desarrazoadas ou desproporcionais dos Poderes constitutivos (Judiciário, Legislativo e Executivo), assim como dos contratos bancários;
- o princípio da proporcionalidade, por excesso;
- art. 170 – da ordem econômica que tem como elemento fundante a justiça social, ou seja, justiça distributiva.

O entendimento do STJ e de tantos outros acórdãos dos tribunais ordinários sobre juros remuneratórios são critérios incompatíveis com a Carta Política de 1988 pelos seguintes motivos:

- ferem a dignidade da pessoa humana e os valores sociais do trabalho;
- impedem que se construa uma sociedade justa, livre e solidária;
- impedem o desenvolvimento nacional;
- criam pobreza e marginalização;

- não promovem o bem de todos;
- impedem a igualdade;
- violam a defesa do consumidor;
- ferem de morte o núcleo central do direito fundamental, a dignidade da pessoa humana e o princípio da proporcionalidade, em sentido estrito, por excesso;
- infringem a ordem econômica.

Em outras palavras, tudo o que a Constituição não quer está contido nessas taxas de juros remuneratórios permitidas pelo STJ e pela maioria dos tribunais ordinários, então, em juízo de ponderação, é de se concluir que esses juros remuneratórios são inconstitucionais, sob o enfoque de uma sistematização dos direitos fundamentais, porque não atingem os objetivos de fomentar o crescimento e nem servem aos interesses da coletividade, pelo contrário, os juros remuneratórios praticados no Brasil aniquilam de morte o núcleo central dos direitos fundamentais, a dignidade da pessoa humana, art. 1º, III, da CF/88.

Esclareço que não se proíbe o lucro, muito pelo contrário, até porque a ordem econômica constitucional assevera que vivemos sob um regime capitalista, mas um capitalismo moderado e ponderado pelos princípios elencados no *caput* e incisos do art. 170 da CF/88, e não esse capitalismo selvagem que vem por meio desses juros remuneratórios excessivos que não têm limites.

Na verdade, esses juros remuneratórios excessivos só promovem a exclusão dos indivíduos do Estado Democrático de Direito por violar vários direitos fundamentais.

Quem captou, em parte, essa inconstitucionalidade dos juros remuneratórios foi o Tribunal de Justiça de Santa Catarina:

Sobre a matéria, têm-se por oportuno o texto a seguir:

> Percebe-se claramente que o princípio constitucional da ordem financeira funciona como limite interpretativo máximo, neutralizando o subjetivismo voluntarista dos sentimentos pessoais e das conveniências políticas, reduzindo a discricionariedade do aplicador da norma. De fato, se as taxas de juros bancárias somente poderão ser consideradas abusivas se excederem à taxa de 163,92% ao ano, então, é de se convir que esse entendimento

infringe princípios constitucionais do próprio sistema financeiro nacional, porque essa taxa de juros não promove o desenvolvimento equilibrado do País e não serve aos interesses da coletividade, muito pelo contrário, quebra indústria, comércio e o cidadão. A interpretação sistemática em matéria constitucional é frequentemente invocada pelo Supremo Tribunal Federal, desfruta de grande prestígio nos meios acadêmicos e jurisprudenciais, tem por escopo a unidade do ordenamento jurídico. Atrás dela, vou avocar os dispositivos a serem interpretados dentro do contexto normativo, estabelecendo as conexões com outras normas constitucionais de forma harmônica para testificar que a taxa de juros de mercado de 163,92% é uma afronta à Constituição. Assim, começo pelos princípios da ordem financeira, art. 192, quais sejam: a de promover o desenvolvimento equilibrado do País e a servir aos interesses da coletividade, esses princípios conectam de forma harmoniosa com os enunciados nos primeiros artigos da nossa Constituição, artigo 1º, a dignidade da pessoa humana, os valores sociais do trabalho e da livre iniciativa; artigo 3º, construir uma sociedade livre, justa e solidária, garantir o desenvolvimento nacional, erradicar a pobreza e a marginalização, reduzir as desigualdades sociais; artigo 5º, *caput*, todos são iguais perante a lei, sem distinção, no inciso XXXVII, desse mesmo artigo, o estado promoverá na forma da lei, a defesa do consumidor; artigo 170, a ordem econômica fundada na valorização do trabalho humano e na livre iniciativa, tem por fim assegurar a todos existência digna, conforme os ditames da justiça social, observados os princípios ali explicitados, dentre os quais, mais uma vez, no inciso V, a defesa do consumidor; o artigo 173, parágrafo 4º, a lei reprimirá o abuso do poder econômico que vise (...) o aumento arbitrário dos lucros. Conclui-se pela interpretação sistemática que não se sustenta a tese de uma taxa de juros de 163,92% ao ano, porque contrário a todos os princípios constitucionais expostos. Acho que não é difícil de entender que uma taxa de juros em torno de 163,92% ao ano, não promove desenvolvimento equilibrado do país e nem serve aos interesses da coletividade. Então, pergunta-se: Serve aos interesses de quem? Somente a um seguimento da sociedade, os bancos, e isso, também, é proibido, pelo princípio constitucional do artigo 5º, todos são iguais perante a lei, sem distinção de qualquer natureza. De fato, a taxa de juros que é praticada pelos bancos no meu exemplo, de 163,92% ao ano, fere a dignidade da pessoa humana e os valores sociais do trabalho; impede que se construa uma sociedade justa, livre e solidária; impede o desenvolvimento nacional; cria pobreza e marginalização; não promove o bem de todos; infringe o Código de Defesa do Consumidor; infringe a ordem financeira e econômica; em outras palavras, tudo que a Constituição não quer está contido nessas taxas de juros, então, em juízo de ponderação, é de se concluir, que esses juros são inconstitucionais, sob o enfoque de uma sistematização dos princípios constitucionais tendo em vista que não atinge os objetivos de fomentar o crescimento e a servir aos interesses da coletividade. Quero deixar claro neste estudo, que não se proíbe o lucro, muito pelo contrário, até porque a ordem constitucional econômica assevera princípios que regem o sistema financeiro nacional, repita-se, a de promover o desenvolvimento equilibrado do País e a servir aos interesses da coletividade **(Guimarães, Luiz Carlos Forghieri,** *in* Notícias Forenses – Artigos/2004). (Apelação Cível n. 2004.028169-5, de Araranguá. Relator: Des. Sérgio Roberto Baasch Luz. Órgão Julgador: Segunda Câmara de Direito Comercial. Data: 17/2/2005).

Mediante o exposto, nada obsta que a parte interessada venha a requerer em juízo a declaração incidental de inconstitucionalidade dos acórdãos do STJ e de tantos outros acórdãos dos tribunais ordinários sobre juros remuneratórios, desde que a título de causa de pedir, isto é, questão prejudicial, porque está associada ao mérito da causa, devendo ser julgada antes e como condição de resolução da parte controvérsia, e não de pedido, porquanto os juros autorizados são ilegais por afrontar o sentido do REsp 1.061.530/RS, além do que, manifestamente inconstitucionais por violar vários direitos fundamentais.

7 O STJ PODE REVER AS TAXAS DE JUROS REMUNERATÓRIOS COM FUNDAMENTO EM CLÁUSULAS CONTRATUAIS EM SEDE DE RECURSO ESPECIAL?

Não!

Não é possível o conhecimento de recurso especial na hipótese em que o recorrente pretende ver reconhecida a abusividade de cláusula de contrato bancário. Rever este entendimento implicaria no reexame do acervo fático-probatório da demanda, o que é vedado pelo teor das Súmulas 5 e 7 do STJ.

Nesse sentido, o STJ:

> Ementa. 2. "É admitida a revisão das taxas de juros remuneratórios em situações excepcionais, desde que caracterizada a relação de consumo e que a abusividade (capaz de colocar o consumidor em desvantagem exagerada – art. 51, § 1º, do CDC) fique cabalmente demonstrada, ante às peculiaridades do caso concreto " (REsp 1061530/RS, rel. Ministra NANCY ANDRIGHI, SEGUNDA SEÇÃO, julgado em 22/10/2008, DJe 10/3/2009) 3. O Tribunal de origem, ao analisar o contrato colacionado aos autos, considerou que não há abusividade na taxa de **juros** pactuada em comparação com a taxa média de mercado praticada no período, conclusão extraída do exame das peculiaridades do caso concreto. Rever este entendimento implicaria no reexame do acervo fático-probatório da demanda, o que é vedado pelo teor das Súmulas 5 e 7 do STJ. Precedentes (AgInt no AREsp 710019/MS. AGRAVO INTERNO NO AGRAVO EM RECURSO ESPECIAL 2015/0109416-9. Ministro LUIS FELIPE SALOMÃO (1140). T4 – QUARTA TURMA. Data do Julgamento: 3/5/2016).

Outro,

> Ementa. JUROS REMUNERATÓRIOS. TAXA PACTUADA. AUSÊNCIA DE ABUSIVIDADE. MODIFICAÇÃO. INCIDÊNCIA DAS SÚMULAS 5 E 7 DO STJ. 2. Tendo o Tribunal de origem, após análise do conjunto fático-probatório dos autos e das cláusulas do contrato entabulado entre as partes, concluído pela inexistência de abusividade quanto aos juros remuneratórios contratados, não se mostra possível, na via do recurso especial, alterar o referido entendimento em razão dos óbices das Súmulas n. 5 e 7 do STJ (AgRg no AREsp 850502/MG. AGRAVO REGIMENTAL NO AGRAVO EM RECURSO ESPECIAL 2016/0022444-8. Ministro MARCO AURÉLIO BELLIZZE (1150). T3 – TERCEIRA TURMA. Data do Julgamento: 5/4/2016).

8 E SE OS JUROS REMUNERATÓRIOS NÃO ESTÃO PACTUADOS EM CLÁUSULAS CONTRATUAIS, OU AINDA, OCORREU AUSÊNCIA DO CONTRATO, O QUE FAZER?

Aplica-se a taxa de juros divulgadas pelo Bacen à época da contratação.

Nesse sentido, o Enunciado 530 da Súmula do STJ, data do julgamento: 13/5/2015:

> Nos contratos bancários, na impossibilidade de comprovar a taxa de juros efetivamente contratada – por ausência de pactuação ou pela falta de juntada do instrumento aos autos –, aplica-se a taxa média de mercado, divulgada pelo Bacen, praticada nas operações da mesma espécie, salvo se a taxa cobrada for mais vantajosa para o devedor.

Nos Recursos Especiais n. **1.112.879/PR** e n. **1.112.880/PR**, processados nos termos do art. 543-C do CPC, a Segunda Seção do STJ, discutindo a legalidade da cobrança de juros remuneratórios em contratos bancários nos casos de inexistir prova da taxa pactuada ou de não haver indicação, em cláusula ajustada entre as partes, do percentual a ser observado, decidiu que os juros remuneratórios devem ser pactuados; quando não o forem, o juiz deve limitá-los à média de mercado nas operações da espécie divulgada pelo Bacen, salvo se a taxa cobrada for mais vantajosa para o cliente. Estabeleceu ainda que, em qualquer hipótese, é possível a correção para a taxa média se for verificada abusividade nos juros remuneratórios praticados.

No mesmo sentido,

> **STJ.** Ementa (no ponto que interessa). JUROS REMUNERATÓRIOS. TAXA MÉDIA DE MERCADO. 1. Não juntado o contrato ou ausente a fixação da taxa no contrato, o juiz deve limitar os juros à média de mercado. (AgRg no REsp 1394127/SC. AGRAVO REGIMENTAL NO RECURSO ESPECIAL 2013/0228569-0. Ministro PAULO DE TARSO SANSEVERINO (1144). T3 – TERCEIRA TURMA. Data do Julgamento: 19/5/2015).

Outro,

> Ementa (no ponto que interessa). JUROS REMUNERATÓRIOS – CONTRATO NÃO JUNTADO – LIMITAÇÃO À TAXA MÉDIA DE MERCADO 2. Aplicada a penalidade do art. 359 do CPC em razão da inércia da instituição financeira em apresentar o contrato *sub judice*, devem os juros remuneratórios ser limitados à taxa média de mercado. Entendimento desta Corte Superior firmado sob o rito dos recursos repetitivos (art. 543-C, CPC). Precedentes (AgRg no REsp 1.405.778/SC. AGRAVO REGIMENTAL NO RECURSO ESPECIAL 2013/0314983-4. Ministro MARCO BUZZI (1149). T4 – QUARTA TURMA. Data do Julgamento: 7/5/2015).

No mesmo sentido, o Tribunal de Justiça de Santa Catarina:

> Ementa. JUROS REMUNERATÓRIOS. ALMEJADA APLICAÇÃO DA TAXA PACTUADA. CONTRATO DE FINANCIAMENTO NÃO ACOSTADO AOS AUTOS. HIPÓTESE EM QUE OS JUROS DEVEM SER LIMITADOS À TAXA MÉDIA DE MERCADO DIVULGADA PELO BACEN, SALVO SE AQUELA COBRADA FOR MAIS BENÉFICA AO CONSUMIDOR. NOVO ENTENDIMENTO (Processo: 2016.024321-4 (Acórdão). **Relatora:** Soraya Nunes Lins. **Origem:** São José. **Órgão Julgador:** Quinta Câmara de Direito Comercial. **Julgado em:** 9/6/2016).

9 COMO ENCONTRAR A TAXA MÉDIA DE JUROS REMUNERATÓRIOS NO *SITE* DO BANCO CENTRAL?

Siga as orientações:

Passo 1 – Você precisa ter em mãos o mês e o ano em que as partes firmaram o contrato bancário.

Passo 2 – Acione a página do banco central com o *link*: <https://www3.bcb.gov.br/sgspub/localizarseries/localizarSeries.do?method=prepararTelaLocalizarSeries>.

Vai aparecer a tela: "Sessão expirada". Acione OK.

Logo a seguir vai aparecer a tela: "SGS – Sistema Gerenciador de Séries Temporais – v2.1 – Módulo Público". Veja que ao lado desta tela aparece "PESQUISA" e logo abaixo o campo "CÓDIGO".

Passo 2 – Você tem que ter em mãos a "Listagem de Séries" na qual há os Códigos para encontrar o que você deseja.

Por exemplo:

Você tem um cliente pessoa física que tem um contrato de cheque especial e você quer saber qual foi a taxa de juros estabelecida pelo Bacen no momento em que as partes (consumidor e banco) firmaram o contrato. Vamos admitir que o contrato foi firmado em fevereiro de 2010.

Pois bem.

Olhe na "Listagem de Séries". Procure no campo "Taxa média de juros das operações de crédito com recursos livres a referência Pessoas físicas – Cheque Especial". Você encontrará o código **20741**.

Coloque o n. 20741 no campo "CÓDIGO" do "SGS – Sistema Gerenciador de Séries Temporais – v2.1 – Módulo Público". Acione *enter*.

Vai aparecer na tela do seu computador: "Localizar séries – Pesquisa por código". Logo abaixo há Sel e ao lado consta 20741. Coloque um "x" no campo em branco. Veja que no rodapé da tela há "Consultor séries". Dê *enter* no campo "Consultor séries".

Vai aparecer uma outra tela. Agora, "Séries localizadas". Logo abaixo desta tela há um campo chamado "visualizar valores". Tecle em "visualizar valores"

Pronto!

Você chegou onde queria. Agora é só procurar o mês e o ano para encontrar os juros remuneratórios.

No exemplo que citei acima você vai encontrar no mês de fevereiro/2010, na página 2, o percentual de 159,52%.

Atenção:

No final da tela há os campos: Primeiro | Anterior | 1, 2, 3 | Próximo | Último, para você mudar de página para encontrar outros juros de outros meses e anos.

10 RESUMO SOBRE ABUSIVIDADE DOS JUROS REMUNERATÓRIOS

A abusividade dos juros remuneratórios fica evidenciada da leitura do trecho do acórdão REsp 1.061.530-RS, e não da ementa, veja:

> Assim, dentro do universo regulatório atual, a taxa média (leia-se: taxa média de mercado divulgada pelo Bacen) constitui o melhor parâmetro para a elaboração de um juízo sobre abusividade. Como média, não se pode exigir que todos os empréstimos sejam feitos segundo essa taxa. Se isto ocorresse, a taxa média deixaria de ser o que é, para ser um valor fixo. Há, portanto, que se admitir uma faixa razoável para a variação dos juros (fls. 18).

Portanto, pode-se definir:

As instituições financeiras têm como parâmetro, "mas não como limite", a taxa média de mercado divulgada pelo Bacen, em operações da mesma natureza, admitindo-se uma faixa razoável para a variação dos juros.

A expressão "há, portanto, que se admitir uma faixa razoável para a variação dos juros", não significa autorizar taxa de juros à vontade para os bancos, pelo contrário, deve ser entendida aquela que não ultrapassar até 10% sobre a taxa média de mercado divulgada pelo Bacen em operações da mesma natureza, visto que, acréscimo de até 10% além da taxa média de mercado é módico, é moderado e não excessivo. Aqui não se fala em imposição de limites, mas de adequação de até 10% ao significado de "faixa razoável para variação dos juros".

Logo, **a abusividade dos juros remuneratórios ocorre quando a cobrança ultrapassar 10% sobre a taxa média de mercado divulgada pelo Bacen**, em operações da mesma natureza, até porque, mais do que isso, é abuso, causa insegurança jurídica e viola o sentido do REsp 1.061.530-RS.

A contrario sensu, se a cobrança exceder a taxa média de mercado, mas não ultrapassar o acréscimo de até 10% sobre a taxa média de mercado divulgada pelo Bacen não ocorreu a abusividade porque dentro da faixa razoável para variação dos juros conforme determina o REsp 1.061.530-RS.

11 JURISPRUDÊNCIAS LIMITANDO OS JUROS REMUNERATÓRIOS

Tribunal de Justiça do Estado de Sergipe

Ementa. TAXA DE JUROS REMUNERATÓRIOS. A alteração da taxa de juros pactuada depende da demonstração cabal de sua abusividade em relação à taxa média do mercado. No caso concreto dos autos, os contratos de empréstimos foram firmados em 9/10/2006 e 2/5/2007 (fls. 16/21). A taxa de juros remuneratório previstas nos contratos sub examine – 9,5% e 10% ao mês, é superior à taxa média mensal do mesmo período em que foram firmados os contratos – 3,92% e 3,53% ao mês, respectivamente, conforme consulta realizada ao site do Banco Central do Brasil (www.bcb.gov.br), na tabela de Crédito Pessoal – Pessoa Física. Portanto, observada a ocorrência de substancial discrepância entre a taxa pactuada e a média de mercado, esta é a que deve prevalecer. Correta a sentença monocrática (Apelação n. 200900206789, 1ª CÂMARA CÍVEL, Tribunal de Justiça do Estado de Sergipe, ALBERTO ROMEU GOUVEIA LEITE, relator, julgado em 19/4/2016).

Tribunal de Justiça do Estado do Paraná

Ementa. TAXA DE JUROS REMUNERATÓRIOS. REVISÃO. JUROS DIVULGADOS PELO BACEN QUE SERVEM COMO PARÂMETRO. PERCENTUAL DE JUROS NO CASO QUE ULTRAPASSA QUASE O DOBRO DA MÉDIA. ABUSIVIDADE CONFIGURADA. LIMITAÇÃO DOS JUROS À MÉDIA DE MERCADO. No corpo do voto constou: "Nesse contexto, analisando os juros previstos na cédula de crédito bancário – taxa mensal de 3,320% e anual de 47,98% – em comparação com a média dos juros divulgadas pelo BACEN na data do contrato (mov. 19.8, média mensal de 1,90% e anual de 25,83%), verifica-se que as taxas contratadas são quase o dobro da média. Constata-se, assim, que os juros remuneratórios contratados são abusivos, pois muito superiores à média cobrada por outras instituições financeiras. Diante disso, compete ao Judiciário intervir no presente caso, a fim de reduzir os juros remuneratórios à média de juros divulgada pelo Bacen, de modo a proteger o consumidor hipossuficiente, em atenção aos artigos 6º, V, 39, V, e 51, IV, do CDC" (Processo: 1481166-0 (Acórdão). Relator: Ramon de Medeiros Nogueira. Órgão Julgador: 7ª Câmara Cível. Comarca: Região Metropolitana de Maringá – Foro Central de Maringá. Data do Julgamento: 17/5/2016).

Tribunal de Justiça do Estado do Rio Grande do Sul

Ementa. JUROS REMUNERATÓRIOS. Possibilidade da limitação da cobrança de juros remuneratórios, quando comprovada a abusividade, como na hipótese dos autos. Limitação à taxa média do mercado prevista para as operações da espécie (Apelação Cível n. 70068597418, Vigésima Quarta Câmara Cível, Tribunal de Justiça do RS, relator: Altair de Lemos Junior, julgado em 25/5/2016).

Tribunal de Justiça de Santa Catarina

Ementa. JUROS REMUNERATÓRIOS – CONTRATO DE CARTÃO DE CRÉDITO – AUSÊNCIA DE INDICAÇÃO DO PERCENTUAL PACTUADO – LIMITAÇÃO À TAXA MÉDIA DE MERCADO DIVULGADA PELO BACEN, SALVO SE A APLICADA FOR MAIS VANTAJOSA AO CONSUMIDOR – ORIENTAÇÃO FIRMADA PELA EG. CORTE DA CIDADANIA EM RECURSO REPETITIVO – RESP N. 1.112.879/PR – SENTENÇA MANTIDA (Processo: 2015.0085499. (Acórdão). Relator: Cláudio Valdyr Helfenstein. Origem: Capital. Bancário. Órgão Julgador: Primeira Câmara de Direito Comercial, julgado em: 2/6/2016).

Tribunal de Justiça de São Paulo

Ementa. Ausência de pactuação da taxa de juros. Necessidade de ser observada a taxa média de mercado em operações similares. Precedentes (0059969-97.2011.8.26.0506. Apelação/Bancários. **Relator:** Campos Mello. **Comarca:** Ribeirão Preto. **Órgão julgador:** 21ª Câmara Extraordinária de Direito Privado. **Data do julgamento:** 15/12/2016).

CAPÍTULO III

CONCEITO JURÍDICO DE CAPITALIZAÇÃO, STJ

1 INTRODUÇÃO

O sistema de amortização tabela price, TP, o sistema de amortização constante, SAC, e o sistema de amortização crescente, SACRE, contêm no seu bojo a capitalização mensal que é sinônimo de juros compostos ou anatocismo que emerge da função exponencial $(1 + i)^n$.

No momento que as partes firmaram o contrato consta no quadro resumo ou em cláusula contratual o valor da parcela que o mutuário terá que adimplir ao longo do financiamento. É nesse momento que ocorreu a capitalização.

Esse conceito é extraído da matemática financeira que é uma ciência exata, portanto, não dá margem para interpretações diferentes. Nesse sentido, a doutrina[1] e a jurisprudência[2]:

---

[1] TOSI, Armando José. *Matemática financeira com ênfase em produtos bancários*. São Paulo: Atlas, 2003, p. 103: "a fórmula para obter o valor dos juros compostos é dada pela expressão $J = P \times (1 + i)^n - 1$".

[2] Tabela Price – A Tabela Price utiliza fórmula que computa juros de forma exponencial para o cálculo das parcelas fixas e periódicas do financiamento, importando em capitalização de juros. Exclusão do sistema Price adotando-se amortização com utilização de juros de forma simples ou linear. Apelação Cível n. 70050885383, Nona Câmara Cível, Tribunal de Justiça do RS, relator: Leonel Pires Ohlweiler, julgado em 27/3/2013).

Contudo, o STJ atribuiu um novo conceito de capitalização que é diverso da matemática conforme se verá a seguir.

2 CONCEITO DE CAPITALIZAÇÃO DO STJ

No julgamento do Recurso Especial n. 973.827/RS, submetido ao procedimento dos recursos representativos da controvérsia (CPC, art. 543-C), *DJe* de 24/9/2012, a Segunda Seção do STJ, por maioria acompanhando o voto da eminente Ministra Maria Isabel Gallotti, estabeleceu acerca do conceito jurídico da capitalização:

> A capitalização de juros vedada pelo Decreto 22.626/33 (Lei de Usura) em intervalo inferior a um ano e permitida pela Medida Provisória 2.170-36/2001, desde que expressamente pactuada, tem por pressuposto a circunstância de **os juros devidos e já vencidos serem, periodicamente, incorporados ao valor principal. Os juros não pagos são incorporados ao capital e sobre eles passam a incidir novos juros**.

Portanto, pode-se concluir o conceito de capitalização de juros para o STJ:

Somente ocorre a capitalização quando vencido o período ajustado (mensal, trimestral, semestral ou anual), **os juros não pagos** (pressupõe mutuário inadimplente **são incorporados ao capital** (saldo devedor) **subsequente**), **além disso, sobre eles passem a incidir novos juros, e assim sucessivamente.**

Em outras palavras: a capitalização de juros existe apenas se ocorrer a incorporação dos juros ao saldo devedor ao final de cada período de contagem e sobre eles passem a incidir novos juros, e assim sucessivamente.

Assim:

(I) **Mutuário inadimplente** (com prestação, juros do cheque especial ou juros do cartão de crédito): **há capitalização**;

(II) **Mutuário em dia** com a sua obrigação: **não há capitalização**.

E A TABELA PRICE, SAC E O SACRE?

O pressuposto da capitalização, agora (diferentemente de outrora), independe se as prestações foram calculadas pela Tabela Price (TP),

Sistema de Amortização Constante (SAC), ou ainda pelo Sistema de Amortização Crescente (SACRE), uma vez que a sua aferição se dá apenas se ocorreu a inadimplência do mutuário nos termos do REsp n. 973.827/RS, e não em função da expressão exponencial $(1 + i)^n$.

É dizer:

Resta descartada a capitalização dos juros na composição do valor das parcelas fixas com vencimento futuro do financiamento com encargos prefixados como ocorre na Tabela Price, SAC e SACRE.

3 PREVISÃO CONTRATUAL É EXIGIDA PARA CAPITALIZAÇÃO DE JUROS EM QUALQUER PERIODICIDADE, INCLUSIVE PARA A CAPITALIZAÇÃO ANUAL

A Segunda Seção do Superior Tribunal de Justiça (STJ) reafirmou, agora no rito dos recursos repetitivos, o entendimento de que a capitalização de juros (conhecida como juros sobre juros) nos contratos de mútuo somente é possível com previsão contratual (REsp 1388972/SC RECURSO ESPECIAL 2013/0176026-2. Ministro MARCO BUZZI (1149). S2 – SEGUNDA SEÇÃO. Data do julgamento: 8/2/2017. *DJe* 13/3/2017).

Veja:

> RECURSO ESPECIAL REPRESENTATIVO DE CONTROVÉRSIA – ARTIGO 1.036 E SEGUINTES DO CPC/2015 – AÇÃO REVISIONAL DE CONTRATOS BANCÁRIOS – PROCEDÊNCIA DA DEMANDA ANTE A ABUSIVIDADE DE COBRANÇA DE ENCARGOS INSURGÊNCIA DA CASA BANCÁRIA VOLTADA À PRETENSÃO DE COBRANÇA DA CAPITALIZAÇÃO DE JUROS 1. Para fins dos arts. 1036 e seguintes do CPC/2015.
> **1.1 A cobrança de juros capitalizados nos contratos de mútuo é permitida quando houver expressa pactuação.**
> 2. Caso concreto: 2.1 Quanto aos contratos exibidos, a inversão da premissa firmada no acórdão atacado acerca da ausência de pactuação do encargo capitalização de juros em qualquer periodicidade demandaria a reanálise de matéria fática e dos

termos dos contratos, providências vedadas nesta esfera recursal extraordinária, em virtude dos óbices contidos nos Enunciados 5 e 7 da Súmula do Superior Tribunal de Justiça.

2.2 Relativamente aos pactos não exibidos, verifica-se ter o Tribunal a quo determinado a sua apresentação, tendo o banco-réu, ora insurgente, deixado de colacionar aos autos os contratos, motivo pelo qual lhe foi aplicada a penalidade constante do artigo 359 do CPC/73 (atual 400 do NCPC), sendo tido como verdadeiros os fatos que a autora pretendia provar com a referida documentação, qual seja, não pactuação dos encargos cobrados.

2.3 Segundo a jurisprudência do Superior Tribunal de Justiça, é possível tanto a compensação de créditos quanto a devolução da quantia paga indevidamente, independentemente de comprovação de erro no pagamento, em obediência ao princípio que veda o enriquecimento ilícito. Inteligência da Súmula 322/STJ.

2.4 Embargos de declaração manifestados com notório propósito de prequestionamento não tem caráter protelatório. Inteligência da súmula 98/STJ.

2.5 Recurso especial parcialmente provido apenas ara afastar a multa imposta pelo Tribunal *a quo*.

O processo está cadastrado no sistema de repetitivos do STJ como Tema 953.

Vale registrar parte do voto do relator, Ministro Marco Buzzi:

"inegável" que a capitalização, seja em periodicidade anual ou inferior, necessita de pactuação, de acordo com a jurisprudência.

Não pode ser cobrada sem que as partes tenham pactuado de forma prévia, sob pena de ser a única modalidade do encargo incidir de forma automática embora inexistente qualquer legislação nesse específico.

Segundo o Ministro Marco Buzzi, não é pela lei autorizar a cobrança que será automaticamente devida, em qualquer periodicidade.

Uma coisa é permitir a cobrança, outra coisa é pactuar a cobrança.

Consignou ainda S. Exa. que, o CDC é aplicável aos contratos bancários, consequentemente, a incidência da capitalização e sua periodicidade não é automática, devendo ser expressamente pactuada.

> Esse [o consumidor] não pode ser cobrado por encargo sequer previsto contratualmente.

Assim, podemos sintetizar que, a cobrança de juros capitalizados, seja em que periodicidade for, precisa de expressa pactuação em cláusula contratual.

CAPÍTULO IV

CAPITALIZAÇÃO, RESP N. 973.827-RS

A Segunda Seção do STJ referente ao REsp n. 973.827-RS (relatora para o acórdão a Ministra Maria Isabel Gallotti, julgado em 8/8/2012, *DJe* 24/9/2012), submetido a rito dos recursos especiais repetitivos (art. 543-C do CPC), consolidou o seguinte entendimento:

> É permitida a capitalização de juros com periodicidade inferior a um ano em contratos celebrados após 31/3/2000, data da publicação **da Medida Provisória n. 1.963-17/2000 (em vigor como MP 2.170-36/2001), desde que expressamente pactuada**. A capitalização dos juros em periodicidade inferior à anual deve vir pactuada de forma **expressa e clara**. A previsão no contrato bancário de **taxa de juros anual superior ao duodécuplo da mensal é suficiente para permitir a cobrança da taxa efetiva anual contratada**.

Na verdade, quis dizer o REsp n. 973.827-RS que permite a capitalização com periodicidade inferior a um ano nos contratos celebrados posteriormente a 30/3/2000, data da publicação da MP 1.963-17/2000, "desde que expressamente pactuada", isto é:

a) desde que esteja escrito em cláusula contratual o termo "capitalização" e a sua periodicidade, por exemplo, capitalização mensal, ou;

b) caso não esteja expresso o termo "capitalização mensal" em cláusula contratual, é suficiente para o consumidor bancário entender que a capitalização mensal está expressa com o termo:

"A previsão no contrato bancário de taxa de juros anual superior ao duodécuplo da mensal é suficiente para permitir a cobrança da taxa efetiva anual contratada", ou seja, **(I)** quando a taxa anual prevista no contrato é superior a 12 vezes a taxa mensal de juros, ou ainda; **(II)** quando os juros mensais multiplicados por 12 meses são inferiores aos índices anuais estipulados no contrato e, finalmente, pode-se dizer também que; **(III)** considera-se contratada a capitalização quando previsto no contrato bancário taxa de juros anual superior ao duodécuplo da mensal. É a chamada prática implícita da capitalização.

Nesse sentido:

Ementa. No julgamento do REsp n. 973.827/RS, submetido à sistemática dos recursos repetitivos, restou decidido que nos contratos firmados após 31/3/2000, data da publicação da Medida Provisória n. 1.963-17, admite-se a capitalização dos juros em periodicidade inferior a um ano, desde que pactuada de forma **clara e expressa, assim considerada quando prevista a taxa de juros anual em percentual pelo menos 12 (doze) vezes maior do que a mensal** (AgInt no AgRg no AREsp 686.429/RS AGRAVO INTERNO NO AGRAVO REGIMENTAL NO AGRAVO EM RECURSO ESPECIAL 2015/0078001-8. Ministro RICARDO VILLAS BÔAS CUEVA (1147). T3 – TERCEIRA TURMA. Data do julgamento 5/10/2016).

Exemplo:

Constou no contrato: juros mensais de 2,95% e anual de 41,75%.

Pois bem.

Taxa mensal de 2,95% ao mês

Duodécuplo – 12

Resultado: 2,95% × 12 = 35,40%.

Conforme se vê, a taxa de juros anual no contrato de 41,75% é maior que (2,95% × 12) 35,40%, portanto, ficou pactuada a capitalização por meio da "taxa de juros anual superior ao duodécuplo da mensal é suficiente para permitir a cobrança da taxa efetiva anual contratada".

Por certo, a expressão "taxa de juros anual superior ao duodécuplo da mensal é suficiente para permitir a cobrança da taxa efetiva anual contratada" viola o princípio da transparência porque o consumidor tem o direito à informação adequada e clara, art. 6º, III, do CDC.

É notório que o ensino no país é de péssima qualidade, consequentemente, a maioria da população sequer fala corretamente o português e mal conhece a tabuada, portanto, não se pode exigir que o consumidor bancário, em regra, pessoa simples venha entender o significado da expressão "taxa de juros anual superior ao duodécuplo da mensal é suficiente para permitir a cobrança da taxa efetiva anual contratada", ou seja, que está pactuada a capitalização mensal.

De mais a mais, não parece razoável exigir da população de um país como a do Brasil que se encontra em um estágio civilizatório classificado em 79º no *ranking* mundial do Índice de Desenvolvimento Humano, IDH, de 24/7/2014, atrás do Chile, 41º; da Argentina, 49º; do Uruguai, 50º; que a população entenda o termo criado pelo STJ "taxa de juros anual superior ao duodécuplo da mensal é suficiente para permitir a cobrança da taxa efetiva anual contratada", que está pactuada a capitalização mensal. Isso é desproporcional!

Quem retratou com muita razão essa infeliz expressão usada no REsp 973.827-RS foi o **Tribunal de Justiça de Santa Catarina**, veja:

> Ementa (no ponto que interessa). CAPITALIZAÇÃO DE JUROS. ADMISSÃO DO RECURSO ESPECIAL N. 973.827/RS, DE QUE TRATA A MULTIPLICIDADE DE RECURSOS COM FUNDAMENTO IDÊNTICO À QUESTÃO DE DIREITO, COMO REPRESENTATIVO DA CONTROVÉRSIA. JULGAMENTO QUE CONSIDEROU ESTAR EXPRESSAMENTE AVENÇADA A COBRANÇA DA CAPITALIZAÇÃO MENSAL DE JUROS QUANDO VERIFICADO QUE A TAXA DE JUROS ANUAL É SUPERIOR AO DUODÉCUPLO DA TAXA MENSAL. AUSÊNCIA DE CARÁTER VINCULANTE NAS DECISÕES PROLATADAS PELA CORTE DA CIDADANIA, AINDA QUE EM CARÁTER DE JULGAMENTO DE RECURSOS REPETITIVOS. CIRCUNSTÂNCIA QUE CONFERE AO TRIBUNAL A POSSIBILIDADE DE ADOTAR A POSIÇÃO JURÍDICA QUE LHE PARECER MAIS ADEQUADA. Simples menção aritmética – taxa anual superior à somatória de doze mensais – que se mostra de flagrante insuficiência. <u>Homem médio brasileiro que sequer conhece de cor a clássica tabuada, tornando inexigível que consiga multiplicar com</u>

relativa facilidade números que contenham inúmeras casas decimais. Necessidade de menção expressa do anatocismo nos contratos (Processo: 2014.002922-3 (Acórdão). Relator: José Carlos Carstens Köhler. Origem: Rio do Sul. Órgão Julgador: Quarta Câmara de Direito Comercial. Julgado em: 19/5/2015).

Ultrapassada essa questão de ordem civilizatória e educacional, passa-se, agora, à jurídica.

Na esfera jurídica constitucional essa expressão "taxa de juros anual superior ao duodécuplo da mensal é suficiente para permitir a cobrança da taxa efetiva anual contratada" para permitir a capitalização nos contratos bancários é manifestamente inconstitucional, uma vez que fere os arts. 105, III, *a*; 93, IX; 59 e vários direitos fundamentais contidos na CF/88. Tema que será tratado no próximo capítulo.

Capítulo V

CAPITALIZAÇÃO. A INCONSTITUCIONALIDADE DA EXPRESSÃO "TAXA DE JUROS ANUAL SUPERIOR AO DUODÉCUPLO DA MENSAL É SUFICIENTE PARA PERMITIR A COBRANÇA DA TAXA EFETIVA ANUAL", RESP 973.827-RS

1 INTRODUÇÃO

A Segunda Seção do STJ referente ao REsp n. 973.827-RS (relatora para o acórdão a Ministra Maria Isabel Gallotti, julgado em 8/8/2012, *DJe* 24/9/2012), submetido a rito dos recursos especiais repetitivos (art. 543-C do CPC), consolidou o seguinte entendimento:

> É permitida a capitalização de juros com periodicidade inferior a um ano em contratos celebrados após 31/3/2000, data da publicação da Medida Provisória n. 1.963-17/2000 (em vigor

como MP 2.170-36/2001), desde que expressamente pactuada. A capitalização dos juros em periodicidade inferior à anual deve vir pactuada de forma **expressa e clara**. A previsão no contrato bancário de **taxa de juros anual superior ao duodécuplo da mensal é suficiente para permitir a cobrança da taxa efetiva anual contratada**.

Antes de arguir a inconstitucionalidade da expressão **"taxa de juros anual superior ao duodécuplo da mensal é suficiente para permitir a cobrança da taxa efetiva anual contratada"** é necessário esclarecer, mesmo que em síntese, sobre controle difuso, leis, atos normativos do Poder Público e precedentes judiciais.

O **controle difuso** incidental de constitucionalidade serve para verificar se as leis ou atos normativos do Poder Público estão de acordo com a Constituição Federal. Pode ser provocado por qualquer pessoa, como questão prejudicial, de qualquer ação judicial e será julgado por qualquer órgão do Poder Judiciário para declarar a lei inconstitucional, até mesmo de ofício pelo juiz de primeira instância ao proferir a sentença, mas desde que haja um caso concreto.

Leis são atos normativos dotados de generalidade, abstração e vinculação, elaboradas pelo Poder Legislativo. Em sentido amplo, abrangem as espécies normativas legislativas esculpidas no art. 59 da CF/88.

Características: generalidade, abstração e vinculação.

- Generalidade: de aplicação a todos, indeterminada.
- Abstração: não vinculada a um caso concreto.
- Vinculação: obrigatória.

Os atos normativos do Poder Público para efeito de controle de constitucionalidade são aqueles que vinculam normas vinculantes/obrigatórias e são dotados de um mínimo de generalidade e abstração, portanto, contemplados essas hipóteses implicam normatividade que inovam no ordenamento jurídico como ocorre com os recursos especiais repetitivos do STJ. Por exemplo, REsp 973.827-RS.

Características: mínimo de generalidade, abstração e vinculação.

Conforme se vê, as características das leis federais e dos atos normativos do Poder Público são semelhantes.

Com isso quero dizer que os recursos especiais repetitivos atuam como verdadeiras "leis" em sentido material, ademais, advém de decisões de última instância que inovam no ordenamento jurídico.

Com base nos motivos acima expostos concluo que os atos normativos editados pelo Poder Público, ou seja, pela 2ª Seção de Direito Privado do STJ, em sede de recursos especiais repetitivos, podem ser objeto de controle de constitucionalidade por meio do controle difuso-incidental de constitucionalidade porque dotados de generalidade, abstração e vinculação/obrigatórias, portanto, com as mesmas características das leis, generalidade, abstração e vinculação/obrigatórias.

Nesse sentido, a doutrina[1]:

> A eficácia vinculante do precedente previsto no art. 927, I, do novo CPC, tem previsão constitucional (art. 102, § 2º, da CF) o mesmo se verificando quanto à súmula vinculante prevista no inciso ll do mesmo dispositivo legal (art. 103-A, da CF). Nos demais incisos a eficácia vinculante decorre tão somente de normas infraconstitucionais, o que se levanta importante questão a respeito de sua constitucionalidade. Já existe doutrina a apontar a inconstitucionalidade das normas que criam uma eficácia vinculante de precedentes e de súmulas não vinculantes sem previsão nesse sentido no texto constitucional, já que a Constituição Federal reserva efeito vinculante apenas às súmulas vinculantes, mediante devido processo e aos julgamentos originados em controle concentrado de constitucionalidade.
>
> Afirma-se que a vinculação obrigatória às súmulas do Superior Tribunal de Justiça e do Supremo Tribunal Federal, bem como aos precedentes criados no julgamento de casos repetitivos e no incidente de assunção de competência invade a seara legislativa, por outorgar ao Poder Judiciário o estabelecimento de normas, criando uma vinculação inconstitucional a preceitos abstratos e gerais fixados pelo Poder Judiciário, ou seja, com características de lei. (...) Ainda que a questão a respeito de constitucionalidade dos três últimos incisos do art. 927 do

---

[1] NEVES, Daniel Amorim Assumpção. *Novo Código de Processo Civil comentado artigo por artigo*. Salvador: Juspodivm, 2016, p. 1491.

Novo CPV sirva de interessante combustível para discussões doutrinárias, que devem se estender por tempo indefinido, no plano dos fatos é difícil imaginar o Supremo Tribunal Federal declarando tais normas inconstitucionais. E isso por um singelo motivo: é de todo interesse daquela corte a eficácia vinculante consagrada em tais dispositivos, em especial em sua promessa de diminuição no número de processos e recursos, em especial os recursos especial e extraordinário.

Nesse sentido, por analogia, ao tratar da súmula vinculante, mencionou em sua obra o eminente doutrinador e Juiz Federal da Seção Judiciária da Bahia, Dirley da Cunha Júnior[2]:

> Todavia, situação diversa ocorre com a chamada súmula vinculante, criada pela EC 45/04, que inseriu o art. 103-A na Constituição em vigor: Com efeito, em razão da vinculação e obrigatoriedade, ao lado da generalidade e abstração, entendemos que a súmula vinculante pode ser objeto de controle abstrato de constitucionalidade através da ação direta de inconstitucionalidade, por equiparar-se a uma verdadeira lei em sentido material.

Assim, entendo que o REsp 973.827-RS, na questão da **"taxa de juros anual superior ao duodécuplo da mensal é suficiente para permitir a cobrança da taxa efetiva anual contratada"** para efeito de capitalização, é perfeitamente passível de controle de constitucionalidade, por equiparar-se a uma verdadeira lei em sentido material, portanto, manifestamente inconstitucional por violar artigos da CF/88 e vários direitos fundamentais.

É imperioso que o operador do Direito comece a se aprofundar no estudo sobre direitos fundamentais, controle difuso incidental de constitucionalidade e os precedentes judiciais.

Precedente judicial é a tese jurídica fixada (*ratio decidendi*) em um determinado caso pelo tribunal que servirá de diretriz para os demais casos semelhantes.

Exemplo:

---

[2] *Controle de constitucionalidade*: teoria e prática. Salvador: Juspodivm, 2016, p. 234-235.

O REsp 973.827/RS menciona que, para configuração da contratação expressa de capitalização de juros, bastaria a previsão da **"taxa de juros anual superior ao duodécuplo da mensal é suficiente para permitir a cobrança da taxa efetiva anual contratada"**.

Pois bem.

Seguindo essa versão do STJ, a pactuação numérica da taxa mensal e taxa anual no contrato já seria suficiente para o cliente bancário entender que está pactuada de forma clara e expressa a capitalização mensal.

Exemplo:

No contrato constavam juros mensais de 2,96% e juros anuais de 42,60%. Isso já é suficiente para caracterizar a capitalização mensal.

Por outro lado, faltando a pactuação numérica da taxa mensal, ou ainda da taxa anual, uma ou outra, fica descaracterizado o duodécuplo, ou seja, a capitalização mensal.

É de se ver que o REsp 973.827/RS demonstra manifesta injustiça ou falta de razoabilidade, uma vez que será raro que o cliente bancário consiga entender que "taxa de juros anual superior ao duodécuplo da mensal é suficiente para permitir a cobrança da taxa efetiva anual contratada", está configurada a capitalização de forma expressa e clara em cláusula contratual, além disso, esbarra a expressão "taxa de juros anual superior ao duodécuplo da mensal é suficiente para permitir a cobrança da taxa efetiva anual contratada" em obstáculos de ordem constitucional, art.105, III,*a*; art. 93, IX; art. 59 e vários direitos fundamentais conforme se passará a demonstrar:

2 DA INCONSTITUCIONALIDADE DA EXPRESSÃO "TAXA DE JUROS ANUAL SUPERIOR AO DUODÉCUPLO DA MENSAL É SUFICIENTE PARA PERMITIR A COBRANÇA DA TAXA EFETIVA ANUAL", RESP 973.827-RS

Primeiro, o art. 105, III, *a*, da CF/88, menciona, em síntese, que: compete ao STJ em Recurso Especial julgar Tratado e Lei Federal.

Ocorre que a expressão criada pelo STJ no REsp 973.827/RS, "taxa de juros anual superior ao duodécuplo da mensal é suficiente para permitir a cobrança da taxa efetiva anual contratada", **não está encartada em nenhuma Lei Federal**, portanto, esse entendimento é manifestamente inconstitucional. Ademais, em outras oportunidades, o STJ já decidiu no mesmo sentido[3].

Segundo, o REsp 973.827/RS viola o art. **93, IX, da CF/88, "todos os julgamentos dos órgãos do Poder Judiciário serão públicos, e fundamentadas todas as decisões, sob pena de nulidade".** Ocorre que "taxa de juros anual superior ao duodécuplo da mensal é suficiente para permitir a cobrança da taxa efetiva anual contratada" viola por completo qualquer informação e transparência porque incompreensível, isto é, impossível de identificar que está configurada a capitalização, ou ainda, não indica sequer com o mínimo de clareza quais os encargos que incidirão sobre o débito. Não se admite fundamentação implícita, presumida e de impossível compreensão. Portanto, é evidente a sua nulidade absoluta porque toda fundamentação judicial impõe que seja clara para que o outro lado possa entender para depois se defender.

Terceiro, o REsp 973.827/RS, **viola o art. 59 da CF/88**, uma vez que o STJ não tem função legislativa, ou seja, não é legislador positivo, mas negativo, portanto, não pode criar leis. Enfim, com a criação da aludida expressão ocorreu uma intervenção do STJ na seara legislativa.

Quarto, o REsp 973.827/RS viola o art. **1º, III, da CF/88, "princípio da dignidade"**, porque nenhum cidadão deste país pode entender que na expressão "taxa de juros anual superior ao duodécuplo da mensal é suficiente para permitir a cobrança da taxa efetiva anual contratada" está configurada a capitalização, portanto, desproporcional e irrazoável, consequentemente, aniquila de morte o núcleo central do direito fun-

---

[3] Ementa. 1. É inviável a análise de Recurso Especial por violação ou negativa de vigência a Resolução, Portaria ou Instrução Normativa, uma vez que não se encontra inserida no conceito de lei federal, nos termos do art. 105, inciso III, da Carta Magna (AgRg no REsp 1461961/RS. AGRAVO REGIMENTAL NO RECURSO ESPECIAL 2014/0149094-1. T2 – SEGUNDA TURMA. Ministro HERMAN BENJAMIN (1132). Data do Julgamento:19/5/2015)

Ementa. 4. É incabível, em recurso especial, a alegação de ofensa a atos normativos secundários produzidos por autoridades administrativas, tais como resoluções, circulares, portarias, comunicados, instruções normativas, entre outros, visto não se enquadrarem no conceito de lei federal (REsp1271669/RS. RECURSO ESPECIAL 2011/0189919-1. Ministro JOÃO OTÁVIO DE NORONHA (1123). T3 – TERCEIRA TURMA. Data do Julgamenento: 5/3/2015).

damental, o princípio da dignidade da pessoa humana, porque inexiste informação minimamente clara.

Quinto, o REsp 973.827/RS **viola o art. 3º, I, da CF/88, princípio da solidariedade**, porque o particular que está do outro lado da operação (o mutuário) não tem esclarecimento necessário sobre a operação porque o termo "taxa de juros anual superior ao duodécuplo da mensal é suficiente para permitir a cobrança da taxa efetiva anual contratada", além de incompreensível, o acórdão não pensou no bem estar do outro lado da operação, isto é, não se "lembrou" do consumidor, portanto, acórdão eminentemente individualista.

Sexto, o REsp 973.827/RS **viola o art. 3º, IV, da CF/88, promover o bem de todos**, pois é óbvio que "taxa de juros anual superior ao duodécuplo da mensal é suficiente para permitir a cobrança da taxa efetiva anual contratada", não promove o bem dos mutuários, apenas dos bancos.

Sétimo, o REsp 973.827/RS **viola o art. 5º,** *caput*, **da CF/88, princípio da segurança jurídica**, visto que, a segurança jurídica alcança também o dever de redigir atos estatais que atinjam particulares com a máxima clareza e constitui poderosa garantia constitucional em favor do cidadão contra desatinados do Estado; porém, "taxa de juros anual superior ao duodécuplo da mensal é suficiente para permitir a cobrança da taxa efetiva anual contratada" é de uma imprecisão que nenhum cidadão consegue entender, portanto, ato insensato do Estado, porque infringe por completo qualquer informação e transparência, pois, impossível de identificar que está permitida a capitalização.

Oitavo, o REsp n. 973.827/RS, **viola o art. 5º, I, da CF/88, princípio da igualdade**, vez que o princípio da igualdade determina que seja dado tratamento igual aos que se encontram em situação equivalente e que sejam tratados de maneira desigual os desiguais, na medida de suas desigualdades. Esse princípio obriga tanto o legislador quanto o aplicador da lei a evitar tratamento discriminatório entre pessoas que mereçam idêntico tratamento e impede que, ao concretizar um comando jurídico, eles dispensem tratamento distinto a quem a lei considerou igual. O parâmetro diferenciador do REsp 973.827/RS, ao permitir a capitalização com o termo "taxa de juros anual superior ao duodécuplo da mensal é suficiente para permitir a cobrança da taxa efetiva anual contratada" foi arbitrário, desprovido de razoabilidade, pois, impreciso, implícito, impossível de compreensão, consequentemente, deixou de atender relevante razão de interesse público, o consumidor que tem proteção de índole constitucional, art. 5º, XXXII, e art. 170, V, para prestigiar uma pequena parte da sociedade, os poderosos, os bancos.

Nono, é notório que os **direitos fundamentais** vinculam e limitam o Poder do Estado (Eficácia Vertical) e incidem também nas relações privadas (Eficácia Horizontal). Ademais, há preceitos na nossa Constituição Federal que estão mais ligados ao propósito de viabilizar a tutela efetiva, isto é, melhorar as condições, ou ainda, do bem constitucionalmente protegido do que autorizar restrições. É o caso do **art. 5º, XXXII,** que prevê: **o Estado promoverá na forma da lei, a defesa do consumidor.** Para ser mais claro, os direitos fundamentais (a defesa do consumidor) vinculam o legislador infraconstitucional e a decisão judicial, exigindo destes um comportamento positivo para a concretização do desejo constitucional, isto é, proteção, traduzindo sempre em regulamentação infraconstitucional ou decisão judicial em defesa do consumidor, até porque não são os direitos fundamentais (a defesa do consumidor) que devem girar em torno das leis infraconstitucionais ou das decisões judiciais, mas as **leis infraconstitucionais** e as **decisões judiciais** que devem **girar em torno dos direitos fundamentais,** uma vez que os direitos fundamentais tem uma normatividade potencializada, isto é, estão no ponto mais alto da escala axiológica e jurídica do ordenamento e por essa razão merecem uma proteção especial. A desfiguração ou, ainda, a restrição, por menor que seja, da defesa/proteção do consumidor, como é o caso do REsp n. 973.827/RS, com a expressão "taxa de juros anual superior ao duodécuplo da mensal é suficiente para permitir a cobrança da taxa efetiva anual contratada", para permitir a capitalização foi imprecisa, implícita, de difícil compreensão, portanto, **configurada está a restrição, a desfiguração da defesa/proteção do consumidor, logo, francamente inconstitucional**, pois a norma consumerista é de índole constitucional como direito fundamental à defesa do consumidor, art. 5º, XXXII, **de efeito vinculante** para o legislador **e para o judiciário** sem esquecer que foi contemplando também na ordem econômica constitucional, art. 170, V. Dessa forma, qualquer ato normativo legislativo, melhor dizendo, **lei infraconstitucional**, ou ainda, **decisão judicial, como é o caso do REsp n. 973.827/RS**, com a expressão, "taxa de juros anual superior ao duodécuplo da mensal é suficiente para permitir a cobrança da taxa efetiva anual contratada", autorizando a capitalização de forma implícita, presumida e de impossível compreensão desfigurou a defesa, ou seja, a proteção do consumidor e atingiu o seu núcleo essencial, isto é, o bem constitucionalmente protegido, a defesa/proteção gravado no art. 5º, XXXII, da CF/88, e como resultado é inconstitucional porque essa decisão judicial não se guiou pelo comando constitucional esculpido como direito fundamental, ou seja, a defesa/proteção do consumidor.

Décimo, o REsp 973.827/RS **viola o art. 170 da CF/88, ordem econômica constitucional**, que menciona em síntese: a ordem econômica constitucional tem como elemento fundamental a justiça social, ou seja, justiça distributiva e no *caput* do artigo está a locução *livre iniciativa*, que se interpreta como ponto fulcral do capitalismo. Assim, em outras palavras quis dizer o Constituinte que na República Federativa do Brasil vigora a justiça social, a justiça distributiva e o modelo capitalista moderado e ponderado pelos princípios do *caput* e dos incisos. Contudo, o REsp 973827/RS com a expressão "taxa de juros anual superior ao duodécuplo da mensal é suficiente para permitir a cobrança da taxa efetiva anual contratada", autorizando a capitalização de forma implícita, presumida e de impossível compreensão por óbvio introduziu o capitalismo selvagem que não dá acesso à informação clara, e mais, um capitalismo que quebra a indústria, o comércio e o cidadão, porquanto, é de uma clareza solar que, se a devedora não recebe os seus vencimentos com capitalização, consequentemente, não terá condições de adimplir a sua obrigação com capitalização e isso tem a alcunha de capitalismo selvagem que afronta a ordem econômica constitucional.

Décimo primeiro, o REsp n. 973.827/RS **viola o princípio da proporcionalidade** (adequação, necessidade e proporcionalidade em sentido estrito), **por excesso**.

Nota: conforme se viu, o REsp 973.827/RS, além de inconstitucional, foi implacável com os pequenos, mas extremamente generoso com os poderosos, ademais, faltou clareza ao fundamento, visto que altamente implícito, presumido e de impossível compreensão, resulta, portanto, inequívoca desconformidade da referida decisão com a Constituição Federal, consequentemente, cumpre ao juiz, tribunal ou ao STF declarar a inconstitucionalidade da decisão viciada, bloqueando a sua eficácia por manifesta inconstitucionalidade.

Síntese conclusiva: os fundamentos acima deduzidos servem para demonstrar que o REsp 973.827/RS, com base na expressão "taxa de juros anual superior ao duodécuplo da mensal é suficiente para permitir a cobrança da taxa efetiva anual contratada", para consentir a capitalização de forma implícita, presumida e de impossível compreensão **afronta o art. 105, III, *a*; art. 93, IX; art. 59 da CF/88**, além disso viola **vários direitos fundamentais** esculpidos na Constituição Federal, quais sejam: **(i)** à dignidade, art. 1º, III; **(ii)** o princípio da solidariedade, art. 3º; **(iii)** promover o bem de todos, art. 3º, IV; **(iv)** o princípio da segurança jurídica, art. 5º, *caput*; **(v)** o princípio da igualdade, art. 5º, I; **(vi)** à proteção do consumidor, art. 5º, XXXII; **(vii)** à ordem econômica, art. 170; **(viii)** o princípio da proporcionalidade (adequação, necessidade e proporcionalidade em sentido estrito), **por excesso**.

Assim, nada obsta que o operador do Direito, se assim entender, venha a requerer como "questão prejudicial" na sua petição inicial a declaração incidental de inconstitucionalidade do REsp n. 973.827/RS, capitalização, (duodécuplo) pelos fundamentos acima elencados.

3 DESCARACTERIZAÇÃO DO DUODÉCUPLO NA AUSÊNCIA NO CONTRATO DA TAXA MENSAL OU ANUAL

O Tribunal de Justiça de Santa Catarina descaracterizou o duodécuplo, ou seja, a capitalização mensal de juros não restou comprovada **porque o contrato só previu a taxa mensal**, mas não estabeleceu a taxa anual.

> Ementa (no ponto que interessa). CAPITALIZAÇÃO DE JUROS. (...) AUSÊNCIA DE CONSTATAÇÃO DA CONTRATAÇÃO DO ENCARGO, AINDA QUE NA FORMA NUMÉRICA. **CONTRATO QUE SÓ PREVÊ TAXA MENSAL DE JUROS**. AFASTAMENTO DO ENCARGO EM QUALQUER PERIODICIDADE, EM RAZÃO DA NECESSIDADE DE FORNECER AO CONSUMIDOR INFORMAÇÕES CLARAS A RESPEITO DOS PRODUTOS E SERVIÇOS CONTRATADOS. EXEGESE DO ART. 6º, III, DO CDC. INSURGÊNCIA ACOLHIDA (Processo: 2015.027132-0 (Acórdão). Relator: Guilherme Nunes Born.

Origem: São Bento do Sul. Órgão Julgador: Quinta Câmara de Direito Comercial. Julgado em: 23/7/2015).

Ementa. CAPITALIZAÇÃO. AUSÊNCIA. **FATURAS ACOSTADAS QUE SÓ PREVEEM TAXA MENSAL DE JUROS**. ENCARGO QUE DEVE SER AFASTADO EM QUALQUER PERIODICIDADE, EM RAZÃO DA NECESSIDADE DE FORNECER AO CONSUMIDOR INFORMAÇÕES CLARAS A RESPEITO DOS PRODUTOS E SERVIÇOS CONTRATADOS. ART. 6º, III, DO CDC. INSURGÊNCIA NÃO ACOLHIDA (Processo: 2015.029242-7 (Acórdão). Relator: Soraya Nunes Lins. Origem: Capital. Órgão Julgador: Quinta Câmara de Direito Comercial. Julgado em: 18/6/2015).

Capítulo VI

TABELA PRICE, SAC E SACRE

Em virtude do novo conceito de capitalização do STJ, REsp n. 973.827-RS, ou seja, **"somente constitui capitalização a incidência dos juros vencidos e incorporados ao principal"** (saldo devedor), **além disso, sobre eles passem a incidir novos juros, e assim sucessivamente**, a capitalização de juros, agora, não decorre do sistema de amortização adotado, se TP, SAC ou SACRE, mas de amortizações negativas que levam os juros não pagos em um mês a serem incorporados ao saldo devedor do mês seguinte sobre o qual incidem novos juros.

Enfim, agora, a capitalização de juros (diferentemente de outrora) independe se as prestações foram calculadas pela Tabela Price (TP), Sistema de Amortização Constante (SAC), ou ainda pelo Sistema de Amortização Crescente (SACRE), uma vez que a sua aferição se dá apenas se ocorreu a inadimplência do mutuário nos termos do REsp n. 973.827/RS, e não mais em função da expressão exponencial $(1 + i)^n$.

Nesse sentido, a nova jurisprudência:

> TJPR. Ementa. TABELA PRICE. LEGALIDADE. A utilização da tabela Price não acarreta necessariamente capitalização de juros, cuja cobrança deve ser comprovada em cada caso concreto. 3. Constatada, por perícia, a não ocorrência de capitalização, não prospera o correspondente pedido de expurgo (2. 1591935-0 (Acórdão). Relator: Luiz Carlos Gabardo. Processo: 1591935-0. Órgão Julgador: 15ª Câmara Cível. Data do julgamento: 14/12/2016).

TJSP. Ementa: Contrato de financiamento para aquisição de bem imóvel com alienação fiduciária em garantia – Sistema Financeiro de Habitação – Relação de consumo configurada – Sistema de Amortização Constante (SAC) que não importa em capitalização de juros (3000490-69.2013.8.26.0210 Apelação/Contratos Bancários. Relator: Maurício Pessoa. Comarca: Guaíra. Órgão julgador: 14ª Câmara de Direito Privado. Data do julgamento: 27/1/2017).

TRF3. Ementa. II – A utilização da Tabela Price (SFA), do SAC ou do Sacre, por si só, não provoca desequilíbrio econômico-financeiro, enriquecimento ilícito ou qualquer ilegalidade, cada um dos referidos sistemas de amortização possui uma configuração própria de vantagens e desvantagens (AC – APELAÇÃO CÍVEL – 2056535/SP. 0001007-38.2014.4.03.6104. DESEMBARGADOR FEDERAL VALDECI DOS SANTOS. PRIMEIRA TURMA. Data do julgamento: 11/10/2016).

TRF4. Ementa. ADMINISTRATIVO. SISTEMA FINANCEIRO DE HABITAÇÃO – SFH. REVISIONAL. TABELA PRICE. A Tabela Price, como forma de amortização dos financiamentos no âmbito do SFH, não traz qualquer prejuízo ao mutuário, porque a sua aplicação, por si só, não implica capitalização de juros (Classe: AC – APELAÇÃO CÍVEL. Processo: 5000602-49.2013.404.7000. UF: PR. Órgão Julgador: QUARTA TURMA. Relatora: IVIAN JOSETE PANTALEÃO CAMINHA. Data da Decisão: 15/2/2017).

TRF1. Ementa. CIVIL. PROCESSO CIVIL. SISTEMA FINANCEIRO DA HABITAÇÃO (SFH). REVISÃO CONTRATUAL. PLANO DE EQUIVALÊNCIA SALARIAL (PES). PERÍCIA NÃO REQUERIDA. SALDO DEVEDOR. FORMA DE AMORTIZAÇÃO, COM A UTILIZAÇÃO DA TABELA PRICE. 1. A faculdade conferida ao Juiz de determinar a produção de provas, de ofício, conforme previsão do art. 130 do CPC/1973, não pode chegar ao ponto de substituir as partes, no que se refere a essa incumbência. Rejeitada a preliminar de nulidade do processo. 2. Assim, compete à parte autora fazer a prova necessária à comprovação do fato constitutivo de seu alegado direito (art. 333, inciso I, do CPC/1973, art. 373, inciso I, do novo CPC).

No caso, a análise da alegada violação ao Plano de Equivalência Salarial por Categoria Profissional ficou prejudicada diante da inércia da parte interessada em pleitear a produção da prova pericial, embora intimado para essa finalidade. 3. O mecanismo de amortização da Tabela Price não implica, necessariamente, capitalização de juros. O Superior Tribunal de Justiça, em procedimento de recursos repetitivos (art. 543-C do Código de Processo Civil) decidiu que a verificação da legalidade da utilização da Tabela Price, nos contratos vinculados ao SFH, não deve ser feita em abstrato, analisando a questão como se fosse, apenas, de direito, sendo, portanto, necessariamente, precedida de realização de prova pericial, para, assim, aferir se houve capitalização de juros e/ou amortização negativa, e que o julgamento da lide sem essa prova caracteriza cerceamento de defesa e violação aos artigos 130, 131, 330, 333, 420 e 458, do Código de Processo Civil. Precedente: REsp 1.124.552/RS, Relator Ministro Luis Felipe Salomão, Corte Especial, DJe de 02.02.2015. Processo instruído com a apresentação das planilhas de evolução do financiamento. 4. "Nos contratos vinculados ao SFH, a atualização do saldo devedor antecede sua amortização pelo pagamento da prestação" (Súmula n. 450 do STJ), ressalvada a hipótese de amortização negativa. 5. As diferenças decorrentes do fenômeno da amortização negativa deverão ser computadas em separado, incidindo sobre elas apenas a correção monetária (precedentes). 6. Sentença parcialmente reformada, apenas para determinar que seja observado, quanto à amortização negativa, o procedimento previsto no item 5 desta Ementa. 7. Apelação dos autores, provida, em parte (Processo Numeração Única: AC 0070531-77.2013.4.01.3400/DF; APELAÇÃO CÍVEL. DESEMBARGADOR FEDERAL DANIEL PAES RIBEIRO. SEXTA TURMA. Data da decisão: 16/12/2016. Publicação: 10/2/2017 e-DJF1).

Capítulo VII

CÉDULA DE CRÉDITO BANCÁRIO. LEI N. 10.931, ART. 28, § 1º, I, DE 2 DE AGOSTO DE 2004. CAPITALIZAÇÃO

Menciona o referido artigo:

> Art. 28. A Cédula de Crédito Bancário é título executivo extrajudicial e representa dívida em dinheiro, certa, líquida e exigível, seja pela soma nela indicada, seja pelo saldo devedor demonstrado em planilha de cálculo, ou nos extratos da conta corrente, elaborados conforme previsto no § 2º.
>
> § 1º Na Cédula de Crédito Bancário poderão ser pactuados:
>
> I – os juros sobre a dívida, capitalizados ou não, os critérios de sua incidência e, se for o caso, a periodicidade de sua capitalização, bem como as despesas e os demais encargos decorrentes da obrigação.

Conforme se vê, o inciso I do § 1º do art. 28 da Lei n. 10.931/2004, permite a capitalização, em cédula de crédito bancário, porém, viola vários direitos fundamentais, daí a necessidade da parte, se assim entender, requerer a declaração incidental de inconstitucionalidade.

Primeiro, o inciso I do § 1º do art. 28 da Lei n. 10.931, de 2 de agosto de 2004, que permite a capitalização, **viola o art. 1º, III, da CF/88, princípio da dignidade**, porque nenhuma pessoa, física ou jurídica, deste país, recebe sua remuneração com capitalização. Como, então, exigir que a contraprestação seja adimplida com capitalização? Não pode! É desproporcional e irrazoável porque, por óbvio, a devedora não conseguirá adimplir a obrigação com capitalização, ou se conseguir, deverá desprover parte do seu patrimônio. Ademais, "o homem existe como fim em si mesmo, e não apenas, como meio arbitrário desta ou daquela vontade" conforme menciona o pensador e filósofo Immanuel Kant. Em outras palavras, pela teoria de Kant, o homem não pode ser considerado mero instrumento ou objeto de satisfação de interesses de terceiros.

Segundo, o inciso I do § 1º do art. 28 da Lei n. 10.931, de 2 de agosto de 2004, que permite a capitalização, **viola o art. 3º, I, da CF/88, princípio da solidariedade**, porque não se pensou no bem-estar do outro lado da operação, o consumidor, isto é, não se "lembrou" que o consumidor tem proteção de índole constitucional, art. 5º, XXXII, e art. 170, V, portanto, eminentemente individualista.

Terceiro, o inciso I do § 1º do art. 28 da Lei n. 10.931, de 2 de agosto de 2004, que permite a capitalização, **viola o art. 3º, IV, da CF/88, promover o bem de todos**, pois é óbvio que a capitalização mensal não promove o bem dos mutuários do sistema financeiro da habitação, mas, apenas dos bancos.

Quarto, o inciso I do § 1º do art. 28 da Lei n. 10.931, de 2 de agosto de 2004, que permite a capitalização, **viola o art. 5º, I, da CF/88, princípio da igualdade**, vez que o princípio da igualdade determina que seja dado tratamento igual aos que se encontram em situação equivalente e que sejam tratados de maneira desigual os desiguais, na medida de suas desigualdades. Esse princípio obriga tanto o legislador quanto o aplicador da lei para evitar tratamento discriminatório entre pessoas que mereçam idêntico tratamento e impede que, ao concretizar um comando jurídico, eles dispensem tratamento distinto a quem a lei considerou igual. O parâmetro diferenciador do inciso I do § 1º do art. 28 da Lei n. 10.931, de 2 de agosto de 2004, ao permitir a capitalização foi arbitrário, desprovido de razoabilidade e deixou de atender relevante razão de interesse público, o consumidor, que tem proteção de índole constitucional para prestigiar uma pequena parte da sociedade, os poderosos, os bancos.

Quinto, inciso I do § 1º do art. 28 da Lei n. 10.931, de 2 de agosto de 2004, que permite a capitalização, **viola o art. 5º, XXXII, da CF/88**, o Estado promoverá na forma da lei, a defesa do consumidor, vez que, pela teoria dos deveres de proteção e da eficácia horizontal dos direitos fundamentais, o Estado tem a obrigação não apenas de abster-se de violar os direitos fundamentais, mas também de protegê-los diante de lesões e ameaças provenientes de terceiros, inclusive de particulares. Há preceitos na nossa Constituição Federal que estão mais ligados ao propósito de viabilizar a tutela efetiva do que autorizar restrições. É o caso dentre outros, do art. 5º, XXXII, que prevê: "O Estado promoverá na forma da lei, a defesa do consumidor." Os direitos fundamentais (a defesa do consumidor) vinculam o legislador infraconstitucional, exigindo deste um comportamento positivo para a concretização do desejo constitucional, isto é, **proteção**, traduzindo sempre em regulamentação infraconstitucional em **defesa do consumidor**, até porque não são os direitos fundamentais (a defesa do consumidor) que devem girar em torno das leis infraconstitucionais, mas as leis infraconstitucionais que devem girar em torno dos direitos fundamentais, uma vez que os direitos fundamentais têm uma normatividade potencializada, isto é, estão no ponto mais alto da escala axiológica e jurídica do ordenamento e, por essa razão, merecem uma proteção especial. Ao regulamentar os direitos fundamentais, a **defesa/proteção** do consumidor, o legislador deverá respeitar o chamado "**núcleo essencial**", ou seja, sem impor condições desarrazoadas ou que tornem impraticável o direito previsto pelo constituinte, **defesa/proteção** do consumidor, ou ainda, respeitar o **direito constitucional protegido** estabelecido pelo constituinte, qual seja, **defesa/proteção do consumidor**, sob pena de inconstitucionalidade, uma vez que, no caso concreto, o embasamento é eminentemente constitucional, porque leva em consideração a relevância do bem contratual em jogo, ou seja, o bem financiado, porque se mostra essencial à existência da recorrente na espécie, o consumidor, logo, é constitucionalmente tutelado. Contudo, o inciso I do § 1º do art. 28 da Lei n. 10.931, de 2 de agosto de 2004, ao permitir a capitalização nos contratos, isto é, juros sobre juros, juros compostos, anatocismo, progressão geométrica ou função exponencial, restringe, obstaculiza e até reduz a nada o núcleo essencial do direito fundamental à defesa/proteção do consumidor, consequentemente, não tutela o bem ou direito constitucionalmente protegido, proteção/defesa do consumidor. Ademais, é de uma clareza solar que o consumidor não recebe ganhos com capitalização, seja assalariado ou ainda empresário, logo, é de se entender que o inciso I do § 1º do art. 28 da Lei n. 10.931, de 2 de agosto de 2004, é manifestamente inconstitucional.

Sexto, o inciso I do § 1º do art. 28 da Lei n. 10.931, de 2 de agosto de 2004, que permite a capitalização, **viola o art. 170 da CF/88, a ordem constitucional econômica**, que tem como elemento fundamental a justiça social, ou seja, justiça distributiva, dentre outros. Ademais, a livre iniciativa é o ponto fulcral do capitalismo, em outro discorrer, na República Federativa do Brasil vigora um modelo capitalista sim, mas um capitalismo moderado e ponderado pelos princípios do *caput* e dos incisos e não um capitalismo que quebra a indústria, o comércio e o cidadão como é o caso do inciso I do § 1º do art. 28 da Lei n. 10.931, de 2 de agosto de 2004, ao permitir a capitalização nos contratos de financiamento porque viola a justiça social, justiça distributiva, introduz o capitalismo selvagem e não promove o que a ordem econômica menciona, insista-se, justiça social, justiça distributiva e capitalismo moderado e ponderado. Enfim, o inciso I do § 1º do art. 28 da Lei n. 10.931, de 2 de agosto de 2004, que permite a capitalização prioriza somente um elemento da iniciativa privada, os bancos, em detrimento de uma coletividade, os consumidores, consequentemente, infringem a ordem econômica constitucional.

Sétimo, o inciso I do § 1º do art. 28 da Lei n. 10.931, de 2 de agosto de 2004, que permite a capitalização, **viola princípio da proporcionalidade** (adequação, necessidade e proporcionalidade em sentido estrito), **por excesso.**

Nota: conforme se viu, o inciso I do § 1º do art. 28 da Lei n. 10.931, de 2 de agosto de 2004, ao permitir a capitalização, além de inconstitucional, foi implacável com os pequenos, mas extremamente generoso com os poderosos, os bancos.

Conclusão: o inciso I do § 1º do art. 28 da Lei n. 10.931, de 2 de agosto de 2004, que permite a capitalização, viola vários direitos fundamentais: **(i)** à dignidade, art. 1º, III; **(ii)** o princípio da solidariedade, art. 3º; **(iii)** promover o bem de todos, art. 3º, IV, da CF/88; **(iv)** o princípio da igualdade, art. 5º, I; **(v)** à proteção do consumidor, art. 5º, XXXII; **(vi)** à ordem econômica, art. 170; **(vii)** o princípio da proporcionalidade (adequação, necessidade e proporcionalidade em sentido estrito), **por excesso**. Resulta, portanto, inequívoca desconformidade do inciso I do § 1º do art. 28 da Lei n. 10.931/2004, com a Constituição Federal, especialmente, com os direitos fundamentais, consequentemente, cumpre ao juiz, ao tribunal ou ao STF declarar a inconstitucionalidade do inciso I do § 1º do art. 28 da Lei n. 10.931/2004, viciado, bloqueando a sua eficácia por manifesta inconstitucionalidade.

Então, nada obsta que o operador do Direito, se assim entender, venha a requerer como "questão prejudicial" na sua petição inicial a declaração incidental de inconstitucionalidade do inciso I do § 1º do art. 28 da Lei n. 10.931/2004, capitalização, pelos fundamentos acima elencados.

CAPÍTULO VIII

DESCARACTERIZAÇÃO DA MORA, RESP 1.061.530/RS

Para que ocorra a descaracterização da mora faz-se necessária a averiguação da abusividade dos encargos contratuais (**juros remuneratórios e capitalização**) para o período de normalidade contratual, isto é, incidentes antes do período de inadimplência.

Vale dizer, os juros remuneratórios e a capitalização (um ou outro), desde que provadas as suas ilicitudes, são os únicos encargos que têm o condão de justificar a descaracterização da mora.

A matéria da caracterização da mora foi apreciada pela Segunda Seção do Superior Tribunal de Justiça no julgamento do **REsp n. 1.061.530/RS, julgado em 22/10/2008 (relatora a Ministra Nancy Andrighi)**, submetido ao regime dos recursos repetitivos, firmou posicionamento no sentido de que:

ORIENTAÇÃO 2 – CONFIGURAÇÃO DA MORA

a) O reconhecimento da abusividade nos encargos exigidos no período da normalidade contratual (juros remuneratórios e capitalização) descaracteriza a mora.

b) Não descaracteriza a mora o ajuizamento isolado de ação revisional, nem mesmo quando o reconhecimento de abusividade incidir sobre os encargos inerentes ao período de inadimplência contratual.

ORIENTAÇÃO 4 – INSCRIÇÃO/MANUTENÇÃO EM CADASTRO DE INADIMPLENTES

a) A abstenção da inscrição/manutenção em cadastro de inadimplentes, requerida em antecipação de tutela e/ou medida cautelar, somente será deferida se, cumulativamente: (i) a ação for fundada em questionamento integral ou parcial do débito; (ii) houver demonstração de que a cobrança indevida se funda na aparência do bom direito e em jurisprudência consolidada do STF ou STJ; (iii) houver depósito da parcela incontroversa ou for prestada a caução fixada conforme o prudente arbítrio do juiz.

b) A inscrição/manutenção do nome do devedor em cadastro de inadimplentes decidida na sentença ou no acórdão observará o que for decidido no mérito do processo. Caracterizada a mora, correta a inscrição/manutenção.

II JULGAMENTO DO RECURSO REPRESENTATIVO, RESP 1.061.530/RS

"Não há qualquer vedação legal à efetivação de depósitos parciais, segundo o que a parte entende devido."

O reconhecimento da abusividade nos encargos exigidos no período da normalidade contratual (juros remuneratórios e capitalização) descaracteriza a mora, logo, se reconhece ter o devedor motivo para não efetuar o pagamento nos termos pretendidos pelo credor, tendo em vista que a dificuldade no pagamento é a própria causa da inadimplência porque o credor queria receber um valor maior do que lhe é devido receber, dificultou o pagamento do devedor, enfim, foi o credor que levou o devedor à inadimplência, consequentemente, a mora é do credor. Porém, o mutuário deverá depositar o valor incontroverso em juízo para afastar a mora.

JURISPRUDÊNCIAS

STJ. AGRAVO REGIMENTAL NO RECURSO ESPECIAL. SFH. TABELA PRICE. ANATOCISMO. VERIFICAÇÃO. ENCARGOS ILEGAIS. VERIFICAÇÃO. DESCARACTERIZAÇÃO DA MORA. SÚMULAS N. 5 E 7/STJ. 1. "1.1. Nos contratos celebrados no âmbito do Sistema Financeiro da Habitação, é vedada a capitalização de juros em qualquer periodicidade. Não cabe ao STJ, todavia, aferir se há capitalização de juros com a utilização da Tabela Price, por força das Súmulas 5 e 7" (Repetitivo REsp n. 1.070.297/PR). 2. Na hipótese de ser reconhecida, pelo tribunal a quo, a existência de encargos ilegais no contrato de financiamento imobiliário, resta descaracterizada a mora. No entanto, tal verificação não cabe a esta Corte, tendo em vista o disposto nas Súmulas n. 5 e 7 do STJ. 3. Agravo regimental provido (AgRg no REsp 1.453.912/PB. AGRAVO REGIMENTAL NO RECURSO ESPECIAL 2014/0112463-0. Ministro JOÃO OTÁVIO DE NORONHA (1123). T3 – TERCEIRA TURMA. Data do julgamento: 15/12/2015. *DJe* 2/2/2016).

Tribunal de Justiça do Rio Grande do Sul. Ementa. O reconhecimento da abusividade nos encargos exigidos no período da normalidade contratual (juros remuneratórios e/ou capitalização) descaracteriza a mora (Apelação Cível n. 70071438212, Décima Sétima Câmara Cível, Tribunal de Justiça do RS, relator: Liege Puricelli Pires, julgado em 15/12/2016).

Capítulo IX

TUTELA ANTECIPADA, ART. 273 DO CPC/1973, ATUAL TUTELA PROVISÓRIA DE EVIDÊNCIA, ART. 311, II, DO NCPC E RESP 1.061.530/RS

1 ART. 273 DO CPC/1973

O pedido de antecipação da tutela deve ser analisado à luz do disposto no art. 273 do CPC que exige a presença de prova inequívoca que convença o juiz da verossimilhança da alegação, ou seja, uma forte probabilidade de que o direito alegado efetivamente está presente, devendo, ainda, estar presente fundado receio de dano irreparável ou de difícil reparação ou ficar caracterizado o abuso de direito de defesa ou manifesto propósito protelatório do réu

Verossimilhança equivale à prova eminentemente documental que possibilita uma análise de cognição sumária, isto é, não definitiva, quanto à probabilidade de êxito da tese autoral. **Prova inequívoca** que conduz à verossimilhança da alegação.

Demonstrado o *fumus boni iuris* (fumaça do bom direito), também deve haver receio de dano irreparável ou de difícil reparação, quer dizer, o *periculum in mora* (perigo da demora), cabendo à parte provar que a demora na tutela jurisdicional é suscetível de causar-lhe dano irreparável ou de difícil reparação.

Finalmente, de forma alternativa à iminência de dano, a tutela pode ser antecipada quando houver abuso do direito de defesa ou manifesto propósito protelatório do réu, ou seja, são aqueles casos que normalmente configuram litigância de má-fé por parte do réu.

A doutrina e a jurisprudência têm admitido a concessão antecipatória da tutela em ação de revisão de contrato de financiamento quando o financiado se utiliza de meio idôneo (juros remuneratórios e capitalização) para afastar os efeitos da mora, qual seja, a pretensão de depositar em juízo os valores incontroversos, o que consubstancia em prova inequívoca da verossimilhança da alegação, requisito para concessão da tutela antecipada

Para a **tutela antecipada**

> Art. 273. O juiz poderá, a requerimento da parte, antecipar, total ou parcialmente, os efeitos da tutela pretendida no pedido inicial, desde que, existindo <u>prova inequívoca</u>, se convença da <u>verossimilhança</u> da alegação e:
>
> I – <u>haja fundado receio de dano irreparável ou de difícil reparação</u>; ou
>
> II – fique caracterizado o abuso de direito de defesa ou o manifesto propósito protelatório do réu.
>
> § 1º Na decisão que antecipar a tutela, o juiz indicará, de modo claro e preciso, as razões do seu convencimento.
>
> § 2º Não se concederá a antecipação da tutela quando houver perigo de irreversibilidade do provimento antecipado.
>
> § 3º A efetivação da tutela antecipada observará, no que couber e conforme sua natureza, as normas previstas nos arts. 588, 461, §§ 4º e 5º, e 461-A.
>
> § 4º A tutela antecipada poderá ser revogada ou modificada a qualquer tempo, em decisão fundamentada.
>
> § 5º Concedida ou não a antecipação da tutela, prosseguirá o processo até final julgamento.
>
> § 6º A tutela antecipada também poderá ser concedida quando um ou mais dos pedidos cumulados, ou parcela deles, mostrar-se incontroverso.

§ 7º Se o autor, a título de antecipação de tutela, requerer providência de natureza cautelar, poderá o juiz, quando presentes os respectivos pressupostos, deferir a medida cautelar em caráter incidental do processo ajuizado.

Cabe ao requerente demonstrar na discussão judicial o total ou parcial do débito, a plausibilidade das alegações formuladas de acordo com a jurisprudência consolidada do STF ou do STJ e o depósito dos valores incontroversos ou prestação de caução idônea, a critério do magistrado.

Não basta unicamente dizer que a capitalização ou juros remuneratórios os tribunais reconhecem como abusivas porquanto essas posições, na verdade não passam de meras alegações em tese, que pode ou não servir ao caso concreto. Tem que demonstrar que no caso concreto ocorreram as ilicitudes.

2 TUTELA DE EVIDÊNCIA. ART. 311, II, DO NCPC/2015

Menciona o referido artigo:

> Art. 311. A tutela da evidência será concedida, independentemente da demonstração de perigo de dano ou de risco ao resultado útil do processo quando:
> (...)
> II – as alegações de fato puderem ser comprovadas apenas documentalmente e houver tese firmada em julgamento de casos repetitivos ou em súmula vinculante.

Nessa hipótese, o requente demonstrará, por meio do contrato, que ocorreu a abusividade (juros remuneratórios e capitalização) para requerer a tutela provisória de evidência.

3 RESP 1.061.530/RS

A ilegalidade dos encargos atinentes ao período de normalidade (juros remuneratórios e capitalização) é imprescindível que seja demonstrada para a concessão da tutela antecipada conforme REsp n. 1.061.530/

RS, julgado em 22/10/2008, relatora a Ministra Nancy Andrighi, submetido ao regime dos recursos repetitivos, firmou posicionamento no sentido de que:

ORIENTAÇÃO 2 – CONFIGURAÇÃO DA MORA

"O reconhecimento da abusividade nos encargos exigidos no período da normalidade contratual (juros remuneratórios e capitalização) descaracteriza a mora."

ORIENTAÇÃO 4 – INSCRIÇÃO/MANUTENÇÃO EM CADASTRO DE INADIMPLENTES

"a) A abstenção da inscrição/manutenção em cadastro de inadimplentes, requerida em antecipação de tutela e/ou medida cautelar, somente será deferida se, cumulativamente: i) a ação for fundada em questionamento integral ou parcial do débito; ii) houver demonstração de que a cobrança indevida se funda na aparência do bom direito e em jurisprudência consolidada do STF ou STJ; iii) houver depósito da parcela incontroversa ou for prestada a caução fixada conforme o prudente arbítrio do juiz."

II JULGAMENTO DO RECURSO REPRESENTATIVO, RESP 1.061.530/RS

"Não há qualquer vedação legal à efetivação de depósitos parciais, segundo o que a parte entende devido."

Inclusive, o julgamento do REsp 1.061.530/RS fortaleceu a orientação já firmada pela Eg. Segunda Seção do Superior Tribunal de Justiça, REsp 527.618/RS, publicado em 24/11/2003, sendo relator o Ministro César Asfor Rocha, que, para que haja o cancelamento ou a abstenção da inscrição do nome do inadimplente nos cadastros de proteção ao crédito é indispensável que o devedor demonstre a prova inequívoca do seu direito, a verossimilhança e a fumaça do bom direito, com a presença concomitante desses três elementos[1].

---

[1] Ementa. CIVIL. SERVIÇOS DE PROTEÇÃO AO CRÉDITO. REGISTRO NO ROL DE DEVEDORES. HIPÓTESES DE IMPEDIMENTO. A recente orientação da Segunda Seção desta Corte acerca dos juros remuneratórios e da comissão de permanência (REsps n. 271.214-RS, 407.097-RS, 420.111-RS), e a relativa frequência com que devedores de quantias elevadas buscam, abusivamente, impedir o registro de seus nomes nos cadastros restritivos de crédito só e só por terem ajuizado ação revisional de seus débitos, sem nada

Assim, não basta tão somente que o devedor discuta em juízo o débito que deu ou possa dar origem à inscrição em bancos de dados de restrição ao crédito porque o simples ajuizamento de uma ação revisional não descaracteriza a mora. Nesse sentido, a Súmula 380 do Superior Tribunal de Justiça de seguinte teor: "A simples propositura da ação de revisão de contrato não inibe a caracterização da mora do autor."

Portanto, possível a tutela antecipada para depósito em juízo desde que a abusividade (juros remuneratórios ou a capitalização) restou comprovada. Confirmada a abusividade e autorizado o depósito em juízo, aí, sim, a exclusão do nome consumidor dos órgãos de proteção ao crédito e a manutenção na posse do bem, podendo ser revogada em caso de descumprimento.

JURISPRUDÊNCIA

> **Tribunal de Justiça de Santa Catarina.** Ementa. AGRAVO DE INSTRUMENTO. AÇÃO DE REVISÃO DE CONTRATO. EMPRÉSTIMO PESSOAL. DEFERIMENTO DA ANTECIPAÇÃO DE TUTELA PARA DETERMINAR A PROIBIÇÃO OU RETIRADA DO NOME DA DEVEDORA DE ÓRGÃOS DE PROTEÇÃO AO CRÉDITO, E AUTORIZAR O DEPÓSITO INCIDENTAL DOS VALORES CONTRATADOS. INSURGÊNCIA DA INSTITUIÇÃO FINANCEIRA. OBSERVÂNCIA DA ORIENTAÇÃO N. 4 DO RESP N. 1061530. REQUISITOS PARA CONCESSÃO DA TUTELA DE URGÊNCIA SATISFEITOS. EXISTÊNCIA DE CA-

---

pagar ou depositar, recomendam que esse impedimento deva ser aplicado com cautela, segundo o prudente exame do juiz, atendendo-se às peculiaridades de cada caso. Para tanto, deve-se ter, necessária e concomitantemente, a presença desses três elementos: a) que haja ação proposta pelo devedor contestando a existência integral ou parcial do débito; b) que haja efetiva demonstração de que a contestação da cobrança indevida se funda na aparência do bom direito e em jurisprudência consolidada do Supremo Tribunal Federal ou do Superior Tribunal de Justiça; c) que, sendo a contestação apenas de parte do débito, deposite o valor referente à parte tida por incontroversa, ou preste caução idônea, ao prudente arbítrio do magistrado. O Código de Defesa do Consumidor veio amparar o hipossuficiente, em defesa dos seus direitos, não servindo, contudo, de escudo para a perpetuação de dívidas. Recurso conhecido pelo dissídio, mas improvido (REsp 527.618/RS, rel. Ministro CESAR ASFOR ROCHA, SEGUNDA SEÇÃO, julgado em 22/10/2003, *DJ* 24/11/2003, p. 214).

PITALIZAÇÃO DE JUROS DIÁRIA. EXIGÊNCIA DE ENCARGO ABUSIVO DEMONSTRADA. DEFERIMENTO DA ANTECIPAÇÃO DE TUTELA QUE SE MOSTRA DEVIDO, MEDIANTE O DEPÓSITO DAS PARCELAS CONTRATADAS. DECISÃO DE ORIGEM MANTIDA (Processo: 4008873-19.2016.8.24.0000 (Acórdão). Relator: Soraya Nunes Lins. Origem: Blumenau. Órgão Julgador: Quinta Câmara de Direito Comercial. Julgado em: 26/1/2017).

Tribunal de Justiça do Rio Grande do Sul. Ementa: AGRAVO DE INSTRUMENTO. AÇÃO DE REVISÃO DE CONTRATO. ALIENAÇÃO FIDUCIÁRIA. TUTELA ANTECIPADA. Para a concessão da tutela provisória é necessária a verificação **da evidência do direito da parte.** Art. 294 do CPC. No caso dos autos, há verossimilhança na alegação de cobrança de taxa de juros abusiva, uma vez que a taxa foi contratada em índice bem superior à média de mercado informada pelo BACEN para o período da contratação. Portanto, resta autorizado o depósito mensal das parcelas em juízo pela taxa média de mercado. ENCARGOS DA MORA. Verificada a cobrança de encargo abusivo para o período da normalidade contratual, resta afastada a mora e, portanto, vedada a inscrição do nome do consumidor nos cadastros de inadimplentes, bem como mantida a posse do bem objeto do contrato. DERAM PARCIAL PROVIMENTO AO AGRAVO DE INSTRUMENTO (Agravo de Instrumento n. 70069093797, Décima Terceira Câmara Cível, Tribunal de Justiça do RS, relator: Alzir Felippe Schmitz, julgado em 9/6/2016).

Capítulo X

VALOR INCONTROVERSO. ART. 285-B DO CPC/1973, ATUAL ART. 330, §§ 2º E 3º DO CPC/2015. DEPÓSITO EM JUÍZO

Menciona o art. 285-B do CPC/1973 – Lei n. 12.810, de 15/5/2013:

> Art. 285-B. Nos litígios que tenham por objeto obrigações decorrentes de empréstimo, financiamento ou arrendamento mercantil, o autor deverá discriminar na petição inicial, dentre as obrigações contratuais, aquelas que pretende controverter, quantificando o valor incontroverso.
>
> Parágrafo único. O valor incontroverso deverá continuar sendo pago no tempo e modo contratados.

Assevera o art. 330, §§ 2º e 3º, do CPC/2015:

> § 2º Nas ações que tenham por objeto a revisão de obrigação decorrente de empréstimo, de financiamento ou de alienação de bens, o autor terá de, sob pena de inépcia, discriminar na petição inicial, dentre as obrigações contratuais, aquelas que pretende controverter, além de quantificar o valor incontroverso do débito.
>
> § 3º Na hipótese do § 2º, o valor incontroverso deverá continuar a ser pago no tempo e modo contratados.

Vale lembrar que constitui regra básica da hermenêutica jurídica que, onde o legislador não distingue, não cabe ao intérprete fazê-lo, sobretudo quando resultar em exegese que limita o exercício de direitos, se postando contrariamente ao espírito da própria norma interpretada.

Portanto, a pretensão de efetuar depósito judicial da quantia que o requerente reputa devido segundo seus cálculos encontra respaldo na referida Lei.

Contudo, necessários se fazem alguns esclarecimentos:

Em primeiro lugar, o dicionário menciona que i**ncontroverso** é o valor que não admite controvérsia, vale dizer, é o valor indiscutível, enquanto que **controverter** é fazer objeção a: disputar, impugnar ou, ainda, rebater.

Exemplo:

O contrato menciona o valor das parcelas, R$ 10,00.

O requerente ao excluir as ilicitudes (juros remuneratórios ou a capitalização) chega ao valor de R$ 4,00.

Portanto, R$ 10,00 menos R$ 6,00 = R$ 4,00.

Conclusão:

Valor incontroverso: R$ 4,00, porque não se tem dúvidas, uma vez que é indiscutível que o mutuário deve.

Controverter: R$ 6,00 é fazer objeção a; disputar em juízo.

Segundo, exige o apontamento do valor que o devedor entende devido, com a apresentação da memória do cálculo, pois, a finalidade do art. 285-B é, além de demonstrar a boa-fé do autor, também permitir ao requerido impugnar especificamente os fatos alegados na inicial. Por isso que o valor que o autor entende incontroverso, no exemplo acima de R$ 4,00, deve estar respaldado com a respectiva memória de cálculo para demonstrar de forma clara como chegou ao valor, sob pena de se acolher meras suposições ou conjecturas infundadas.

Por certo, a quantia que ele reputa incontroversa, R$ 4,00, deve ser o resultado da operação que guarde verossimilhança com os elementos encontrados no contrato, (juros remuneratórios ou capitalização) demonstrado na petição com memória de cálculo e com o entendimento jurisprudencial dominante.

Não basta a simples indicação de um valor "x" aleatoriamente eleito como incontroverso sem demonstrar de forma clara como se chegou ao valor, pois, caso isso ocorra, a petição inicial poderá ser considerada inepta.

Enfim, nos termos do novo art. 285-B, parágrafo único, do CPC/1973, art. 330, §§ 2º e 3º, do CPC/2015, o pagamento das prestações, nas ações revisionais de contrato bancário, deverá ser feito no tempo e modo contratados do valor incontroverso, excluídas as ilicitudes (juros remuneratórios e capitalização) **e não da parcela que consta do contrato, até porque esta se encontra viciada.**

Terceiro, as ilicitudes dos juros remuneratórios ou da capitalização são aferições de simples constatação, pois, basta comparar o REsp 1.061.530/RS, a taxa média de mercado dos juros remuneratórios do Bacen e o contrato.

Os cálculos para explicitar o valor incontroverso e o valor a controverter também de simples aferições porque é conta aritmética, portanto, com o devido respeito àqueles que decidem de forma diferente, não há razão jurídica para impedir que a parte interessada venha a depositar em juízo o valor incontroverso, no exemplo dado, R$ 4,00, para afastar a mora.

Vale registrar que não é incomum encontrar argumentos como os abaixo relacionados impedindo que a parte faça o depósito incontroverso; porém, não merecem prosperar porque destoam visceralmente da lei e do REsp 1.061.530/RS.

Exemplos:

(I) "o cálculo foi feito de forma unilateral";

(II) "o depósito é o valor que consta no contrato".

Essas hipóteses são desarrazoadas porque além do valor da parcela que consta no contrato estar viciado (juros remuneratórios e capitalização), a lei não menciona que é o valor da parcela do contrato. O que o parágrafo único da lei menciona é o valor incontroverso.

Dessa forma, podemos dizer que as interpretações que mencionam:

(III) "a parte incontroversa deve ser depositada no banco e o valor a controverter em juízo".

Desarrazoado porque não está escrito isso na Lei.

(V) "a realização de depósito judicial das parcelas incontroversas do débito, desde que feitas por conta e risco da agravante, o que não tem o condão de afastar os efeitos da mora".

Ilegalidade da decisão, até porque, se demonstrada a abusividade, juros remuneratórios ou capitalização, resta descaracterizada a mora nos termos da Orientação 2 do REsp 1.061.530/RS. STJ.

(VI) "Admissibilidade em parte. Pleito de depósito que encontra respaldo no art. 285-B, do Código de Processo Civil. Autorização para consignação do valor considerado incontroverso pela autora que, todavia, não é hábil a ilidir a caracterização da mora Incidência da Súmula n. 380 do STJ."

Ilegalidade da decisão, vez que viola o REsp 1.061.530/RS, Orientação 2. Desde que a parte demonstre cabalmente as abusividades (juros remuneratórios ou a capitalização), afasta a mora, portanto, não há que se falar na Súmula 380. Além do que, o art. 285-B do Código de Processo Civil não proíbe o depósito e muito menos menciona que o depósito não é hábil para ilidir a mora.

(VII) "Consignação de depósito de valor incontroverso. Artigo 285-B do CPC. Possibilidade, sem elisão dos efeitos da mora".

Ilegalidade da decisão. Presente a prova inequívoca e a verossimilhança das alegações das abusividades (juros remuneratórios ou capitalização), descaracteriza a mora, REsp 1.061.530/RS. Orientação 2.

(VIII) "Cabível, por outro lado, a realização de depósito judicial das parcelas incontroversas do débito, por conta e risco do agravante, sem, contudo, afastar os efeitos da mora – Inteligência do art. 285-B, do CPC, introduzido pela Lei nº 12.810/2013, em vigência desde 16.05.2013 – Somente na hipótese de o depósito das parcelas ser integral, de acordo com o contratado, a mora poderá ser elidida."

Cabível o depósito incontroverso sim, até porque o próprio parágrafo único do art. 285-B menciona isso.

Ademais, ninguém vai ao judiciário requerer o depósito sem provar que ocorreu a abusividade (juros remuneratórios ou capitalização), daí a importância do REsp 1.061.530-RS, Orientação 2, e a tutela antecipada, art. 273 do CPC/1973, art. 330, §§ 2º e 3º do CPC/2015.

Vale lembrar que o depósito está amparado em sede de Recurso Repetitivo, REsp. n. 1.061.530/RS, julgado em 22/10/2008, que dispõe:

ORIENTAÇÃO 2 – CONFIGURAÇÃO DA MORA. A) O RECONHECIMENTO DA ABUSIVIDADE NOS ENCARGOS EXIGIDOS NO PERÍODO DA NORMALIDADE CONTRATUAL (**JUROS REMUNERATÓRIOS** E **CAPITALIZAÇÃO**) DESCARACTERIZA A MORA; ORIENTAÇÃO 5 – DISPOSIÇÕES DE OFÍCIO. II – VERIFICADA A COBRANÇA DE ENCARGO ABUSIVO NO PERÍODO DA NORMALIDADE CONTRATUAL, RESTA DESCARACTERIZADA A MORA DO DEVEDOR. AFASTADA A MORA: I) É ILEGAL O ENVIO DE DADOS DO CONSUMIDOR PARA QUAISQUER CADASTROS DE INADIMPLÊNCIA; II) DEVE O CONSUMIDOR PERMANECER NA POSSE DO BEM ALIENADO FIDUCIARIAMENTE E III) NÃO SE ADMITE O PROTESTO DO TÍTULO REPRESENTATIVO DA DÍVIDA. **NÃO HÁ QUALQUER VEDAÇÃO LEGAL À EFETIVAÇÃO DE DEPÓSITOS PARCIAIS SEGUNDO O QUE A PARTE ENTENDE DEVIDO.**

A interpretação conjugada **dos arts. 273 e 285-B, ambos do Código de Processo Civil**, atualmente, **art. 330, §§ 2º e 3º, do CPC/2015**, com a orientação advinda da Segunda Seção do Superior Tribunal de Justiça em sede de recurso repetitivo, **REsp n. 1.061.530-RS**, de relatoria da Ministra Nancy Andrighi, recomenda que o depósito em juízo do valor incontroverso das prestações seja autorizado quando estiver constatada a verossimilhança das alegações consistente na efetiva demonstração de que, no contrato revisado, existe a cobrança de encargos abusivos (juros remuneratórios ou capitalização), no período da contratualidade, logo, resulta em medida que inibe a mora do devedor.

JURISPRUDÊNCIA

Tribunal de Justiça de Santa Catarina. Ementa. VEROSSIMILHANÇA DAS ALEGAÇÕES. REQUISITOS ELENCADOS PELO STJ. ENCARGOS DE NORMALIDADE. JUROS REMUNERATÓRIOS. ABUSIVIDADE EVIDENCIADA. "ORIENTAÇÃO 2 – CONFIGURAÇÃO DA MORA a) O reconhecimento da abusividade nos encargos exigidos no período da normalidade contratual (juros remuneratórios e capitalização) descaracteriza a mora; b) Não descaracteriza a mora o ajuizamento isolado de ação revisional, nem mesmo quando o reconhecimento de abusividade incidir sobre os encargos inerentes ao período de inadimplência contratual" (STJ, REsp 1.061.530/RS, Segunda Seção, rel. Min. Nancy Andrighi, j. 22/10/2008). DEPÓSITO INCIDENTAL DOS VALORES INCONTROVERSOS. REQUERIMENTO EXPRESSO DO AUTOR NESSE SENTIDO. MANUTENÇÃO DO DEFERIMENTO DA TUTELA, DIANTE DA DEMONSTRAÇÃO DA VEROSSIMILHANÇA DA SALEGAÇÕES. Em sede de cognição sumária, constatada que a alegada abusividade funda-se na aparência do bom direito, impõe-se o deferimento da tutela antecipada para autorizar o depósito das parcelas (Processo: 0033611-42.2016.8.24.0000 (Acórdão). Relator: Rejane Andersen. Origem: Capital. Órgão Julgador: Segunda Câmara de Direito Comercial. Julgado em: 20/9/2016).

Tribunal de Justiça do Rio Grande do Sul. Ementa. APELAÇÃO CÍVEL. NEGÓCIO JURÍDICO BANCÁRIO. INDEFERIMENTO DA PETIÇÃO INICIAL. AUSÊNCIA DE DISCRIMINAÇÃO DAS PARCELAS CONTRATUAIS INCONTROVERSAS. A teor do disposto no artigo 285-B do CPC/1973 (art. 330, § 2º, do CPC/2015), compete à parte autora, nos processos que tenham por objeto a revisão de obrigação decorrente de empréstimo, de financiamento ou de alienação de bens, discriminar na petição inicial as obrigações contratuais controvertidas e quantificar a parcela incontroversa. Caso em que, a despeito de oportunizada a emenda, não restou suprido o requisito legal. APELAÇÃO DESPROVIDA (Apelação Cível n. 70067686410, Décima Nona Câmara Cível, Tribunal de Justiça do RS, relator: Mylene Maria Michel, julgado em 16/6/2016).

Tribunal de Justiça do Rio Grande do Sul. Ementa. APELAÇÃO CÍVEL. NEGÓCIO JURÍDICO BANCÁRIO. INDEFERIMENTO DA PETIÇÃO INICIAL. AUSÊNCIA DE DISCRIMINAÇÃO DAS PARCELAS CONTRATUAIS INCONTROVERSAS. A teor do disposto no artigo 285-B do CPC/1973 (art. 330, § 2º, do CPC/2015), compete à parte autora, nos processos que tenham por objeto a revisão de obrigação decorrente de empréstimo, de financiamento ou de alienação de bens, discriminar na petição inicial as obrigações contratuais controvertidas e quantificar a parcela incontroversa. Caso em que, a despeito de oportunizada a emenda, não restou suprido o requisito legal. APELAÇÃO DESPROVIDA (Apelação Cível n. 70067686410, Décima Nona Câmara Cível, Tribunal de Justiça do RS, relator: Mylene Maria Michel, julgado em 16/6/2016).

CAPÍTULO XI

COMISSÃO DE PERMANÊNCIA

A comissão de permanência é um encargo devido no período de inadimplência contratual e sua incidência somente é permitida quando prevista em contrato e não cumulada com juros remuneratórios, juros moratórios, correção monetária e multa contratual.

Limite: a comissão de permanência não poderá ultrapassar a soma dos encargos remuneratórios e moratórios previstos no contrato.

Recentemente, o STJ confirmou tal entendimento quando da edição da Súmula 472, *in verbis*:

> A cobrança de comissão de permanência, cujo valor não pode ultrapassar a soma dos encargos remuneratórios e moratórios previstos no contrato, exclui a exigibilidade dos juros remuneratórios, moratórios e da multa contratual.

Conforme se vê, a comissão de permanência é composta pelos **encargos moratórios** (1% ao mês e multa de 2%) e **juros remuneratórios** ao mês do contrato ou do Bacen, ou seja, aquele que for menor.

Exemplo:

- juros remuneratórios do contrato são menores do que os do Bacen, ou seja, foi cobrado contratualmente **1,50% ao mês**;
- juros moratórios de 1% ao mês;
- multa de 2%.

Portanto, pelo exemplo dado, só é possível cobrar comissão de permanência com base na Súmula 472 do STJ, da seguinte forma:

- juros remuneratórios de 1,50% + juros moratórios de 1% ao mês = 2,50%;
- multiplicando 2,50% por 2% = 2,55%.
- portanto, o total de comissão de permanência a ser cobrado é de 2,55%. Qualquer outra incidência é ilegal.

Demais enunciados do STJ sobre o tema

Súmula 296: "Os juros remuneratórios, não cumuláveis com a comissão de permanência, são devidos no período de inadimplência, à taxa média de mercado estipulada pelo Banco Central do Brasil, limitada ao percentual contratado."

Súmula 294: "Não é protestativa a cláusula contratual que prevê a comissão de permanência calculada pela taxa média de mercado apurada pelo Banco Central do Brasil, limitada à taxa do contrato."

Súmula 30: "A comissão de permanência e a correção monetária são inacumuláveis."

JURISPRUDÊNCIA

STJ. Ementa. 4. É válida a cláusula contratual que prevê a cobrança da comissão de permanência, calculada pela taxa média de mercado apurada pelo Banco Central do Brasil, de acordo com a espécie da operação, tendo como limite máximo o percentual contratado, sendo admitida apenas no período de inadimplência, desde que pactuada e não cumulada com os encargos da normalidade (juros remuneratórios e correção monetária) e/ou com os encargos moratórios (juros moratórios e multa contratual) (REsp 1217057/TO. RECURSO ESPECIAL2010/0185213-0. Ministro RICARDO VILLAS BÔAS CUEVA (1147). T3 – TERCEIRA TURMA. Data do julgamento: 19/4/2016).

Tribunal de Justiça do Rio Grande do Sul. Ementa. COMISSÃO DE PERMANÊNCIA. CONTRATAÇÃO CUMULADA. LIMITAÇÃO. A Comissão de Permanência é encargo legal que pode incidir sobre as quantias devidas à instituição financeira quando pactuado. Não pode, entretanto, cumular-se ou exceder à soma dos encargos remuneratórios e moratórios. Súmula n.

472 do STJ e Recurso Especial representativo de controvérsia n. 1.058.114-RS (Apelação Cível n. 70069483691, Décima Oitava Câmara Cível, Tribunal de Justiça do RS, relator: João Moreno Pomar, julgado em 16/6/2016).

Tribunal de Justiça de Santa Catarina. 3 – COMISSÃO DE PERMANÊNCIA. VALIDADE DO ENCARGO, POIS EXPRESSAMENTE PACTUADO. VEDAÇÃO DA ACUMULAÇÃO COM DEMAIS ENCARGOS MORATÓRIOS E CORREÇÃO MONETÁRIA, SOB PENA DE BIS IN IDEM. ENUNCIADO III DO GRUPO DE CÂMARAS DE DIREITO COMERCIAL DO TJSC. PARADIGMA DO STJ. RESP 1.058.114/RS. SÚMULAS 30, 294, 296 E 472 DO STJ. SENTENÇA MANTIDA. RECURSO DESPROVIDO (Processo: 0005408-08.2007.8.24.0058 (Acórdão). Relator: Dinart Francisco Machado. Origem: São Bento do Sul. Órgão Julgador: Segunda Câmara de Direito Comercial. Julgado em: 14/6/2016).

Tribunal de Justiça de São Paulo. Ementa. COMISSÃO DE PERMANÊNCIA – Súmula 472 do STJ – A comissão de permanência é composta pelos encargos moratórios e remuneratórios – Cobrança mantida, mas limitada. No corpo do acórdão asseverou: Os juros a serem aplicados devem ser os remuneratórios a taxa indicada no contrato às fls. 157, acrescido de juros moratórios de 1% mais multa de 2%, nada mais que isso. **A comissão de permanência deve obedecer o limite de juros remuneratórios do contrato com 1,74% juros mensal, mais juros moratórios de 1% a.m. (artigo 406 do CC), vezes a multa de 2% fixada em contrato, ou seja, a comissão de permanência, sem mais nenhum encargo, será de 2,7948% a.m. e nada mais** (0006849-60.2013.8.26.0445 Apelação/Bancários. Relator: Achile Alesina. Comarca: Pindamonhangaba. Órgão julgador: 38ª Câmara de Direito Privado. Data do julgamento: 29/6/2016).

Tribunal de Justiça de São Paulo. Ementa. COMISSÃO DE PERMANÊNCIA – Alegação de ilegalidade – Sumula 472 do STJ – Comissão de permanência que deve obedecer o limite de juros remuneratórios do contrato – A comissão de permanência, sem mais nenhum encargo, será de 3,030% a.m. e nada mais

Impossibilidade de se estabelecer outras penalidades. No corpo do acórdão constou: "No entanto, o contrato, no caso de inadimplemento (cf. fl. 161/165, cláusulas 15), estabelece que: 'O não cumprimento de qualquer das obrigações contratadas pelo CREDITADO, acarretará ao mesmo, as seguintes penalidades: a) comissão de permanência de 0,6% ao dia, por atraso, sobre o valor da parcela; b) despesas efetivadas com procedimento de cobrança, ou sejam, aquelas efetivamente havidas com tal procedimento, especialmente honorários de advogados à razão de 10% (dez por cento) sobre o valor devido na cobrança extrajudicial, e, se na esfera judicial, 20% (vinte por cento) sobre o saldo devedor total.'" A comissão de permanência deve obedecer o limite de juros remuneratórios do contrato fls. 162 DADOS DA OPERAÇÃO com 2,00% juros mensal, mais juros moratórios de 1% a.m. (artigo 406 do CC), vezes multa de 2%, ou seja, a comissão de permanência, sem mais nenhum encargo, será de 3,030% a.m. e nada mais. Assim, ilegal o contratado quanto à fixação de taxa de juros diária e demais despesas com honorários de advogados e cobranças judicial e extrajudicial. Merece parcial acolhimento o recurso, nesta parte (1000171-85.2015.8.26.0010 Apelação/Bancários. Relator: Achile Alesina. Comarca: São Paulo. Órgão julgador: 38ª Câmara de Direito Privado. Data do julgamento: 29/6/2016).

CAPÍTULO XII

TARIFAS BANCÁRIAS. PARADIGMAS, RESPS 1.251.331/RS E 1.255.573/RS

1 INTRODUÇÃO

A Segunda Seção do STJ, com base nos procedimentos dos recursos repetitivos, CPC, art. 543-C, § 7º, julgou os REsps 1.251.331/RS e 1.255.573/RS, ambos publicados no *DJe* de 24/10/2013 e fixou os seguintes entendimento sobre tarifas bancárias:

REsp 1.251.331/RS

O Superior Tribunal de Justiça, REsp 1.251.331/RS. Recurso Especial 2011/0096435-4. Relatora: Ministra MARIA ISABEL GALLOTTI (1145). Órgão Julgador: S2, Segunda Seção, Data do Julgamento: 28/8/2013, Data da publicação/Fonte: *DJe* 24/10/2013), sob o rito do art. 543-C do Código de Processo Cível, não permite a cobrança da taxa de abertura de Crédito, **TAC**, e nem a Tarifa de Emissão de Carnê, **TEC**, em contratos firmados **após 30/4/2008**, mas continua permitindo a cobrança da **Tarifa de Cadastro** que somente pode ser cobrada no início do relacionamento entre o consumidor e a instituição financeira. Nesse sentido:

> Teses para os efeitos do art. 543-C do CPC: 2ª Tese: Com a vigência da Resolução CMN 3.518/2007, em 30/4/2008, a cobrança por serviços bancários prioritários para pessoas físicas ficou limitada às hipóteses taxativamente previstas em norma padronizadora expedida pela autoridade monetária. Desde então, não mais tem respaldo legal a contratação da Tarifa de Emissão de Carnê (**TEC**)

e da Tarifa de Abertura de Crédito (TAC), ou outra denominação para o mesmo fato gerador. Permanece válida a Tarifa de Cadastro expressamente tipificada em ato normativo padronizador da autoridade monetária, a qual somente pode ser cobrada no início do relacionamento entre o consumidor e a instituição financeira (REsp 1.251.331/RS. RECURSO ESPECIAL 2011/0096435-4. Relatora: Ministra MARIA ISABEL GALLOTTI (1145). Órgão Julgador: S2 – SEGUNDA SEÇÃO. Data do Julgamento: 28/8/2013. Data da publicação/Fonte: *DJe* 24/10/2013).

REsp 1.255.573/RS

O REsp 1.255.573/RS. RECURSO ESPECIAL 2011/0118248-3. Relatora: Ministra MARIA ISABEL GALLOTTI (1145). Órgão Julgador: S2 – SEGUNDA SEÇÃO. Data do Julgamento: 28/8/2013. *DJe* 24/10/2013, sob o rito do art. 543-C do Código de Processo Cível, afirmou:

> Teses para os efeitos do art. 543-C do CPC:
>
> 1ª Tese: Nos contratos bancários celebrados até 30/4/2008 (fim da vigência da Resolução CMN 2.303/96) era válida a pactuação das tarifas de abertura de crédito (TAC) e de emissão de carnê (TEC), ou outra denominação para o mesmo fato gerador, ressalvado o exame de abusividade em cada caso concreto.
>
> 2ª Tese: Com a vigência da Resolução CMN 3.518/2007, em 30/4/2008, a cobrança por serviços bancários prioritários para pessoas físicas ficou limitada às hipóteses taxativamente previstas em norma padronizadora expedida pela autoridade monetária. Desde então, não mais tem respaldo legal a contratação da Tarifa de Emissão de Carnê (TEC) e da Tarifa de Abertura de Crédito (TAC), ou outra denominação para o mesmo fato gerador. Permanece válida a Tarifa de Cadastro expressamente tipificada em ato normativo padronizador da autoridade monetária, a qual somente pode ser cobrada no início do relacionamento entre o consumidor e a instituição financeira.

Em resumo: normas acerca da matéria disciplinadas pela Resolução CMN n. 3.518-2007, com eficácia a partir de 30/4/2008, e consolidadas pela vigente Resolução CMN n. 3.919-2010. Possibilidade de cobrança apenas dos serviços bancários taxativamente previstos na norma padronizadora. Imprescindível previsão em cláusula contratual clara e objetiva. **TAC e TEC. Ilegalidade a contar de 30/4/2008. Tarifa de Cadastro. Legalidade.** Encargo expressamente previsto na norma padronizador incidente. Cobrança admitida. As restrições à cobrança por serviços de terceiros passaram a ser ditadas pela Resolução n. 3.954-CMN, de 24/2/2011. Com base na Resolução n. 12/2009, do STJ, cabe Reclamação, vez que esta se destina a dirimir divergência entre acórdão prolatado por turma recursal estadual e a jurisprudência consolidada do Superior Tribunal de Justiça, suas súmulas ou orientações decorrentes do julgamento de recursos especiais processados na forma do art. 543-C do Código de Processo Civil.

Posto isso, necessários alguns esclarecimentos:

2 TARIFA DE CADASTRO

Tarifa de Cadastro. Verificado o início do relacionamento bancário entre as partes na abertura da conta-corrente, neste ato é legal a cobrança da tarifa de cadastro. Contudo, nos financiamentos futuros com o mesmo banco não entendo que seja cabível novamente a cobrança da tarifa de cadastro porque viola o REsp 1.251.331/RS que menciona: "a tarifa de cadastro somente pode ser cobrada **no início do relacionamento** entre o consumidor e a instituição financeira". É necessário que o mutuário comprove que já foi cobrada a tarifa de cadastro no início da relação com o banco que ocorreu na data da abertura da conta-corrente.

No mesmo sentido:

> **Tribunal de Justiça de São Paulo:** Ementa (no ponto que interessa). TARIFA DE CADASTRO – POSSIBILIDADE DE COBRANÇA APENAS NO PRIMEIRO RELACIONAMENTO – CONSUMIDOR QUE JÁ ERA CLIENTE DA CASA BANCÁRIA – IMPOSIÇÃO ILEGAL (1004111-71.2014.8.26.0405. Apelação/Contratos Bancários. Relator: Carlos Abrão. Comarca: Osasco. Órgão julgador: 14ª Câmara de Direito Privado. Data do julgamento: 19/5/2015).

No corpo do acórdão constou:

> A tarifa e cadastro é aquela destinada a consultas e confecção de cadastro do cliente para início do relacionamento bancário,

por isso vedada nova cobrança ou renovação nas operações subsequente, consoante entendimento do STJ no julgamento dos REsps n. 1.255.573/RS e n. 1.251.331/RS.

Vale registrar ainda que, **TAC, TEC** e de **Tarifas** é demanda inegável da necessidade de interpretação de cláusulas contratuais e reexame do acervo fático-probatório soberanamente delineado perante as instâncias ordinárias, providências **inviáveis de serem adotadas em sede de Recurso Especial**, ante o óbice das Súmulas 5 e 7 da Corte Infraconstitucional.

2.1 Como aferir a eventual abusividade dos bancos nas tarifas de cadastro?

O Banco Central divulga os valores mínimos, máximos, a periodicidade de cobrança e a média das diversas tarifas cobradas pelos bancos, o que permite aferir a eventual abusividade.

Como devo fazer?

Basta consultar o *site* do Banco Central no seguinte endereço:

<http://www.bcb.gov.br/fis/tarifas/htms/tarifdwl.asp>

Exemplo:

Contrato assinado em janeiro/2014

Banco cobrou de tarifa de cadastro: R$ 689,41

Em consulta ao *site* acima do Banco Central constata-se que em janeiro de 2014, data em que foi celebrado o contrato, o valor médio de confecção de cadastro era de R$ 338,80.

Conforme se vê, no exemplo dado, há discrepância entre o valor médio e o valor contratado, o que denota abusividade na cobrança, consequentemente, requerer devolução da diferença.

2.2 Outras tarifas de cobranças – decisões de afetação

O Ministro Paulo de Tarso Sanseverino do Superior Tribunal de Justiça (STJ) determinou a suspensão do trâmite de todos os processos que discutiam a validade da **cobrança por registo de contrato, avaliação de bem** ou qualquer outro **serviço de terceiro** em financiamentos bancários.

A suspensão que alcança todas as instâncias judiciais em todo o território nacional, valerá até que a Segunda Seção do STJ julgue os REsps 1.578.553-SP e 1.578.490-SP, rel. Paulo de Tarso Sanseverino, *DJe* 17/10/2016.

Nesse sentido, TEMA 958

> Recurso Especial afetado à Primeira (leia-se: Segunda) Seção com representativo da seguinte controvérsia: "validade da cobrança, em contratos bancários, de **despesas com serviços prestados por terceiros**, registro do contrato e/ou **avaliação do bem**". REsp 1.578.553-SP e REsp 1.578.490-SP, rel. Min. Paulo de Tarso Sanseverino, *DJe* 17/10/2016.

3 JURISPRUDÊNCIA

> Tribunal de Justiça de São Paulo. Ementa: Consumidor e processual. Ação de revisão de contrato de financiamento. Tendo em vista os mesmos precedentes, desde a entrada em vigor da Resolução CMN/BACEN n. 3.518/2007, em 30 de abril de 2008, a cobrança por serviços bancários prioritários para pessoas físicas ficou limitada às hipóteses taxativamente previstas em norma padronizadora expedida pela autoridade monetária, daí resultando que não é legítima a cobrança da taxa de gravame e da tarifa de vistoria. A cobrança do encargo referente às despesas com serviços de terceiros não tem sido admitida por esta C. Corte Estadual e, logo, deve ser excluída. Cobrança por "outros serviços", que sequer são explicitados no instrumento contratual, que não pode ser admitida. Matéria controvertida que, em parte, é objeto de afetação no Recurso Especial n. 1.578.526/SP, submetido à sistemática dos recursos repetitivos (artigo 1.037 do novo Código de Processo Civil). RECURSO DESPROVIDO, com determinação de sobrestamento do feito o julgamento do recurso representativo da controvérsia (1019187-17.2013.8.26.0100 Agravo Regimental/Bancários. Relator:

Mourão Neto. Comarca: São Paulo. Órgão julgador: 24ª Câmara Direito Privado. Data do julgamento: 6/2/2017).

Tribunal de Justiça de Santa Catarina. Ementa. TARIFAS BANCÁRIAS. TARIFA DE CADASTRO. RESP. N. 1.255.573/ RS. LEGITIMIDADE. **TARIFA DE EMISSÃO DE CARNÊ.** SÚMULA 565 DO STJ. CONTRATO FIRMADO APÓS O INÍCIO DA VIGÊNCIA DA RESOLUÇÃO-CMN N. 3.518/2007. IMPOSSIBILIDADE DE **COBRANÇA. TARIFA DE REGISTRO DE CONTRATO.** AUSÊNCIA DE CONTRAPRESTAÇÃO. AFASTAMENTO. (Processo: 2016.024333-1. (Acórdão) Relator: Lédio Rosa de Andrade. Origem: São José. Órgão Julgador: Quarta Câmara de Direito Comercial. Julgado em: 24/5/2016).

Tribunal de Justiça de São Paulo. Ementa (no ponto que interessa). **Tarifa de seguros, serviços de terceiros, registro de contrato, tarifa de avaliação de bens. Abusividade configurada.** Encargos que se mostram abusivos por constituírem custos contratuais. **Impossibilidade de repasse de tais verbas ao consumidor.** Inteligência dos artigos 46 e 51, IV e XII, do CDC. Devolução na forma simples. Sentença reformada em parte (9000001-54.2013.8.26.0104. Apelação/Contratos Bancários. Relator: Hélio Nogueira. Comarca: Cafelândia. Órgão julgador: 22ª Câmara de Direito Privado. Data do julgamento: 25/6/2015).

CAPÍTULO XIII

JUSTIÇA GRATUITA

A concessão da justiça gratuita é tratada na Lei n. 1.060/1950 e não no CPC 1973.

No NCPC, tudo é regulado no âmbito do próprio Código (arts. 98 ao 102). Apesar disso, o art. 98 traz a expressão "na forma da lei", o que pode permitir a edição de uma futura lei sobre o tema e não seria a permanência da Lei n. 1.060/1950, pois há a revogação de diversos dispositivos dessa lei, conforme art. 1.072, III.

A assistência judiciária, nos termos da Lei n. 1.060/50, recepcionada pela Constituição Federal de 1988 (art. 5º, LXXIV), menciona em seu art. 4º que a parte gozará dos benefícios da assistência judiciária, mediante simples afirmação, na própria petição inicial, de que não está em condições de pagar as custas do processo e os honorários de advogado, sem prejuízo próprio ou de sua família[1].

Entretanto, o juiz pode indeferir este requerimento quando houver fundadas razões para tanto, sendo este o entendimento que se extrai do disposto no art. 5º da Lei n. 1.060/50[2].

---

[1] A Lei n. 1.060, de 5 de fevereiro de 1950, recepcionada pela Constituição Federal de 1988, estabelece: "Art. 4º A parte gozará dos benefícios da assistência judiciária, mediante simples afirmação, na própria petição inicial, de que não está em condições de pagar as custas do processo e os honorários de advogado, sem prejuízo próprio ou de sua família. § 1º Presume-se pobre, até prova em contrário, quem afirmar essa condição nos termos desta lei, sob pena de pagamento até o décuplo das custas judiciais."

[2] "Art. 5º O juiz, se não tiver fundadas razões para indeferir o pedido, deverá julgá-lo de plano, motivando ou não o deferimento dentro do prazo de setenta e duas horas."

Essa declaração do autor requerendo a justiça gratuita tem presunção relativa de veracidade, uma vez que comporta prova em contrário, podendo ser contrariada tanto pelo juiz, de ofício, desde que tenha fundadas razões, como pela parte adversa.

Para o indeferimento da gratuidade de justiça, conforme disposto no art. 5º da Lei n. 1.060/50, o magistrado, ao analisar o pedido, perquirirá sobre as reais condições econômico-financeiras do autor, podendo solicitar que comprove nos autos que não pode arcar com as despesas processuais e com os honorários de sucumbência.

Isso porque, a fundamentação para a desconstituição da presunção estabelecida pela lei de gratuidade de justiça exige perquirir, *in concreto*, a atual situação financeira do autor.

A concessão do beneficio da assistência judiciária não tem o condão de tornar o assistido infenso às penalidades processuais legais por atos de procrastinação ou litigância de má-fé por ele praticado no curso da lide.

Recentemente, a Corte Especial deste STJ, em face do julgamento do EAREsp 86.915/SP, ocorrido em 26/2/2015, decidiu ser desnecessária a renovação do pedido de assistência judiciária gratuita, prevista na Lei n. 1.060/50, quando da interposição de recurso para o Superior Tribunal de Justiça:

Nesse sentido:

> Ementa (no ponto que interessa). 2. A renovação do pedido ou a comprovação de que a parte recorrente é beneficiária da gratuidade da justiça não é necessária quando da interposição do recurso especial (AgRg no AREsp 631909/MS. AGRAVO REGIMENTAL NO AGRAVO EM RECURSO ESPECIAL 2014/0321237-8. Ministro JOÃO OTÁVIO DE NORONHA (1123). T3 – TERCEIRA TURMA. Data do Julgamento: 12/5/2015).

JURISPRUDÊNCIA

> **STJ.** Ementa. AGRAVO INTERNO NO AGRAVO EM RECURSO ESPECIAL. PROCESSUAL CIVIL. ASSISTÊNCIA JUDICIÁRIA GRATUITA. DECLARAÇÃO DE HIPOSSUFICIÊNCIA – PRESUNÇÃO JURIS TANTUM – REVISÃO – ÓBICE DA SÚMULA 7/STJ. 1. Este Superior Tribunal posiciona-se no sentido

de que a declaração de pobreza, com o intuito de obtenção dos benefícios da justiça gratuita, goza de presunção relativa, admitindo-se prova em contrário (AgRg no AREsp 259.304/PR, Relator Ministro Herman Benjamin, Segunda Turma, *DJe* 31/5/2013). 2. A desconstituição das conclusões adotadas pelo Tribunal de origem acerca da condição do autor de arcar com as despesas do processo, tal como postulado nas razões do recurso especial, demandaria o reexame de matéria fática, procedimento que, em sede especial, encontra empeço na Súmula 7/STJ (AgInt no AREsp 870424/SP. AGRAVO INTERNO NO AGRAVO EM RECURSO ESPECIAL2016/0045843-3. Ministro SÉRGIO KUKINA (1155). T1 – PRIMEIRA TURMA. Data do Julgamento: 2/6/2016).

Tribunal de Justiça do Rio Grande do Sul. Ementa. AGRAVO DE INSTRUMENTO. NEGÓCIOS JURÍDICOS BANCÁRIOS. AÇÃO REVISIONAL. BENEFÍCIO DA ASSISTÊNCIA JUDICIÁRIA GRATUITA. PESSOA JURÍDICA. HIPÓTESE EXCEPCIONAL POSITIVADA. PROVA SUFICIENTE A EVIDENCIAR, EM JUÍZO PERFUNCTÓRIO, A NECESSIDADE DO BENEFÍCIO. O posicionamento jurisprudencial dominante é no sentido de que o benefício da gratuidade judiciária, em caráter excepcional, pode ser deferido às pessoas jurídicas, desde que cabal e induvidosamente comprovada a necessidade, e bem assim a impossibilidade de arcar com os encargos financeiros do processo. No caso, restou suficientemente demonstrada esta carência econômica, tendo em vista que se trata de pequena empresa, atualmente passando por dificuldades financeiras, com significativo débito pendente. Hipótese, portanto, excepcional, que justifica o deferimento do favor legal pretendido, a fim de não obstar à agravante a garantia constitucional de acesso à Justiça. Precedentes jurisprudenciais. AGRAVO DE INSTRUMENTO PROVIDO. UNÂNIME (Agravo de Instrumento n. 70071177083, Décima Oitava Câmara Cível, Tribunal de Justiça do RS, relator: Pedro Celso Dal Pra, julgado em 12/12/2016).

Tribunal de Justiça de Santa Catarina. Ementa. GRAVO DE INSTRUMENTO. DEMANDA REVISIONAL DE CONTRATOS BANCÁRIOS. DECISÃO QUE INDEFERE O PEDIDO DE JUSTIÇA GRATUITA. IRRESIGNAÇÃO DO DEMANDANTE. GRATUIDADE DA JUSTIÇA. PRETENSÃO DO RECORRENTE

EM TER A BENESSE CHANCELADA POR ESTE AREÓPAGO. PECULIARIDADES DO CASO CONCRETO, ALÉM DA PRESENÇA DA DECLARAÇÃO DE HIPOSSUFICIÊNCIA, QUE DENOTAM DEBILIDADE FINANCEIRA DO DEVEDOR. PERMISSIBILIDADE DA CONCESSÃO DO BENEFÍCIO PARA GARANTIR O ACESSO À JUSTIÇA. HIPÓTESE FÁTICA QUE SE COADUNA NO DISPOSTO NO INCISO XXXV DO ART. 5º DA "CARTA DA PRIMAVERA" E NO PARÁGRAFO ÚNICO DO ART. 2º DA LEI 1.060/50 (**Processo:** 0018047-23.2016.8.24.0000 (Acórdão). **Relator:** José Carlos Carstens Köhler. **Origem:** São José. **Órgão Julgador:** Quarta Câmara de Direito Comercial. **Julgado em:** 28/6/2016).

Tribunal de Justiça do Paraná. Ementa. Considerando que a parte autora é beneficiária da justiça gratuita, resta suspensa, a exigibilidade do pagamento dos ônus de sucumbência (art. 12 da Lei n. 1.060/50) (12.1142964-2 (Acórdão). Relator: Francisco Cardozo Oliveira. Órgão julgador: 18ª Câmara Cível. Data julgamento: 16/4/2015).

CAPÍTULO XIV

VALOR DA CAUSA, ARTS. 291 E 292 DO NCPC/2015

Na maioria das vezes o NCPC repete o CPC/1973 em relação ao valor da causa. Afirma-se que toda causa deve ter um valor (art. 291) e há diversas situações em que o legislador expressamente afirma qual deve ser o valor da causa (art. 292).

Ocorrendo a discussão parcial das avenças, por exemplo, juros remuneratórios acima da taxa média do mercado, capitalização etc., o valor da causa fica limitado ao que for especificado pelo autor como seu interesse econômico no litígio por aplicação do art. 258 do CPC, e não do art. 259, V, do CPC, uma vez o autor pretende anular apenas as cláusulas abusivas e não a integralidade do contrato

Vale dizer, o valor da causa em ação de revisão de cláusula contratual bancária, deve corresponder ao proveito econômico que o autor pretende obter com o provimento jurisdicional, uma vez que o autor objetiva tão somente a revisão de parte da prestação devida que, excluídas as ilicitudes, vai resultar na diferente entre o novo valor da prestação e aquele constante no contrato.

Hipoteticamente, a seguinte situação:

O autor reconhece ser devida a parcela mensal de R$ 1.000,00, porque excluídas as ilicitudes (por exemplo, capitalização e juros remuneratórios acima da taxa média de mercado), e não de R$ 1.500,00, que consta no contrato.

A diferença entre esses valores (R$ 1.500,00 – R$ 1.000,00), R$ 500,00, constitui o proveito econômico pretendido pelo requerente.

Assim, o valor da causa deve corresponder à somatória das diferenças discutidas, por exemplo, prazo do financiamento 36 meses, multiplicado por R$ 500,00, proveito econômico de R$ 18.000,00, logo, valor da causa.

Descabe ao julgador determinar de ofício a alteração do valor da causa, visto que tal ordem deve ser sucedida de impugnação da parte ré, salvo evidente discrepância entre o benefício econômico almejado e o valor atribuído ao feito.

JURISPRUDÊNCIA

Tribunal de Justiça do Rio Grande do Sul. Ementa. AGRAVO DE INSTRUMENTO. IMPUGNAÇÃO AO VALOR DA CAUSA. INCIDENTE. CUSTAS PROCESSUAIS. VALOR DE ALÇADA. Consoante a exegese do art. 258 c/c art. 259, ambos do CP, o valor da causa deve ser obrigatoriamente indicado, e deverá corresponder ao proveito econômico perseguido pela parte. A atribuição de valor à causa por estimativa ou equivalente ao de alçada é admissível quando os elementos necessários à quantificação do proveito econômico buscados na demanda são incertos e dependem da dilação probatória. Nas circunstâncias do caso, considerando-se a pretensão da parte demandante, justifica-se o valor de alçada atribuído à causa. DOU PROVIMENTO AO AGRAVO DE INSTRUMENTO (Agravo de Instrumento nº 70067576371, Décima Sétima Câmara Cível, Tribunal de Justiça do RS, Relator: Giovanni Conti, Julgado em 02/12/2015).

Tribunal de Justiça do Rio Grande do Sul. Ementa. APELAÇÃO CÍVEL. NEGÓCIOS JURÍDICOS BANCÁRIOS. AÇÃO DE REVISÃO CONTRATUAL. CONTRATO DE EMPRÉSTIMO. VALOR DA CAUSA. INAPLICABILIDADE, NA ESPÉCIE, DO ARTIGO 259, INCISO V, DO CPC. PRECEDENTES DESTE TRIBUNAL E DESTA CÂMARA. Em se tratando de ação de revisão de contrato bancário, na qual se discutem eventuais abusividades ocorridas no negócio jurídico celebrado entre os litigantes, somente ao final da cognição, com o julgamento definitivo, poder-se-á concluir acerca do valor certo e determinado, motivo pelo qual se mostra razoável e adequado atribuir-se o valor de alçada para a presente demanda. APELAÇÃO PROVIDA (Apelação Cível nº 70067516658, Vigésima Câmara Cível, Tribunal de Justiça do RS, Relator: Glênio José Wasserstein Hekman, Julgado em 08/06/2016).

Tribunal de Justiça de Santa Catarina. Ementa. APELAÇÃO CÍVEL. AÇÃO REVISIONAL. CONTRATO DE ABERTURA DE CRÉDITO ROTATIVO EM CONTA CORRENTE E DEMAIS AVENÇAS. VALOR DA CAUSA. DEMANDA EM QUE SE OBJETIVA A REVISÃO DE ALGUMAS CLÁUSULAS CONTRATUAIS. CASO EM APREÇO QUE NÃO PERMITE AFERIR, POR ORA, O PROVEITO ECONÔMICO DA AÇÃO. MANUTENÇÃO DO VALOR ATRIBUÍDO À CAUSA PELOS AUTORES, QUE PODERÁ SER ADEQUADO POSTERIORMENTE (Processo: 2016.025536-7 (Acórdão). Relator: Soraya Nunes Lins. Origem: Joinville. Órgão Julgador: Quinta Câmara de Direito Comercial. Julgado em: 2/6/2016).

CAPÍTULO XV

CARTÃO DE CRÉDITO

1 INTRODUÇÃO

A Lei n. 8.078/90 (Código de Defesa do Consumidor, CDC) é aplicável às instituições financeiras, portanto, aplica-se aos contratos bancários.

Súmula 297 do STJ: "O Código de Defesa do Consumidor é aplicável às instituições financeiras".

2 DOS JUROS REMUNERATÓRIOS

2.1 Introdução

Aplica-se a taxa média de mercado do Bacen; porém, com observância se antes ou depois de **1º de março de 2011** conforme se verá adiante.

2.2 Taxa de juros flutuantes. Apuração mês a mês

As taxas de juros no cartão de crédito são flutuantes, tendo em vista que se sujeitam às variações de mercado, os índices de juros remuneratórios informados nas faturas mensais são regularmente admissíveis, desde que não ultrapassem o percentual da média de mercado, Bacen, a ser perquerido mensalmente.

O Banco Central do Brasil começou a disponibilizar as taxas médias de mercado a partir de 1º de março de 2011.

2.3 Juros remuneratórios do cartão de crédito a partir de 1º de março/2011

As taxas médias de mercado, aplicadas para cartão de crédito, a partir de 1º de março de 2011 estão disponíveis na página eletrônica do Banco Central do Brasil, Bacen, no endereço: <https://www3.bcb.gov.br/sgspub/localizarseries/localizarSeries.do?method=prepararTelaLocalizarSeries>.

O caminho a ser percorrido no *site* é o seguinte:

Indicadores de crédito → Taxas de juros → Taxas de juros com recursos livres → Taxa média de juros – Pessoas físicas – Cartão de crédito rotativo (**código 22022**) ou parcelado (**código 22023**), conforme o caso concreto.

O que é crédito rotativo e crédito parcelado?

O crédito rotativo é a modalidade mais usada para cartões de crédito, na qual, diante do inadimplemento do valor total da fatura pelo consumidor, o restante da dívida passa para o próximo mês, porém incidem juros sobre todo o saldo devedor.

Já o **crédito parcelado** diz respeito à possibilidade de parcelar o total da sua fatura (renegociação), evitando-se que o consumidor entre no rotativo que possui juros mais elevados.

Na tabela do Bacen referente aos juros do cartão de crédito estão disponíveis somente as taxas anuais. Basta converter em mensal.

2.4 Juros remuneratórios do cartão de crédito antes de 1º de março/2011

Diante da recente publicação pelo Bacen, 1º de março de 2011, das taxas médias de mercado dos juros remuneratórios aplicados nos contratos de cartão de crédito, o poder judiciário passou a adotá-las, revendo posicionamento anteriormente praticado que adotava como paradigma a taxa média dos juros do **contrato de cheque especial, mas foi proibida pelo STJ**.

Nesse sentido, o STJ:

Ementa. CONTRATO DE CARTÃO DE CRÉDITO. AÇÃO REVISIONAL. A limitação da taxa de juros remuneratórios pactuada no contrato de cartão de crédito à taxa média de mercado aplicada aos contratos de cheque especial é inviável em razão da diversidade da natureza jurídica das operações (AgInt no REsp1399511/RS. AGRAVO INTERNO NO RECURSO ESPECIAL 2013/0277215-9. Ministro JOÃO OTÁVIO DE NORONHA (1123). T3 – TERCEIRA TURMA. Data do Julgamento: 18/8/2016).

No mesmo sentido, o TJSC:

> TJSC. Ementa. APELAÇÃO CÍVEL. AÇÃO REVISIONAL DE CONTRATOS BANCÁRIOS. CARTÃO DE CRÉDITO. COM RELAÇÃO AO CARTÃO DE CRÉDITO, NOVO ENTENDIMENTO. (...). Da taxa média aplicável ao mesmo tipo de operação, NÃO MAIS SENDO UTILIZADO O RELATIVO AO CHEQUE ESPECIAL (Processo: 030299077.2015.8.24.0079. (Acórdão). Relator: Guilherme Nunes Born Origem: Videira. Órgão Julgador: Quinta Câmara de Direito Comercial. Classe: Apelação Cível. Julgado em: 15/12/2016).

Na hipótese de revisão de contrato de cartão de crédito, em período **anterior a 1º março de 2011**, frente à inexistência de uma tabela do Bacen acerca da taxa de juros remuneratórios específica do cartão de crédito neste período, tem-se como necessário que o requerente demonstre a alegada abusividade das taxas cobradas, ou seja, deverá informar nos autos a taxa média de mercado da operação de cartão de crédito, mesmo que por amostragem, juntando a relação de percentuais utilizados por outros bancos à época para demonstrar que a taxa dele cobrada na contratação revisanda superou à taxa média, em relação a outros bancos.

Em outras palavras, cabe ao requerente demonstrar a efetiva cobrança abusiva dos juros remuneratórios cobrados pelo banco, bem como de que tais encargos extrapolam a taxa média do mercado financeiro aplicado aos contratos da espécie, mesmo que por amostragem, as taxas de juros cobradas por outros bancos, como prova da alegação de abusividade dos juros remuneratórios, uma vez que cabe ao requerente provar e demonstrar que a taxa contratada discrepa das taxas de mercado.

3 SÚMULA SOBRE CARTÃO DE CRÉDITO

Súmula 283. As empresas administradoras de cartão de crédito são instituições financeiras e, por isso, os juros remuneratórios por elas cobrados não sofrem as limitações da Lei de Usura.

Para mais informações sobre juros remuneratórios remetemos o leitor ao Capítulo II desta obra.

4 DA CAPITALIZAÇÃO

Admite-se a capitalização de juros com periodicidade inferior à anual em contratos celebrados após 31/3/2000, data da publicação da Medida Provisória n. 1.963-17/2000, revigorada pela Medida Provisória n. 2.170-36/2001 e desde que expressamente pactuada. Ademais, para taxas de juros anuais superiores ao duodécuplo das mensais, nos termos do REsp n. 973.827/RS, entende-se como contratada a capitalização dos juros.

Assim, tem que haver cláusula contratual ou faturas autorizando a capitalização, caso não exista, basta a indicação da taxa mensal ou anual de juros para caracterizar o permissivo da capitalização. Caso ausentes as duas possibilidades é de se proibir a capitalização e aplicar juros simples de forma linear.

Por outro lado, faltando a pactuação numérica da taxa mensal, ou ainda da taxa anual, uma ou outra, fica descaracterizado o duodécuplo, ou seja, a capitalização mensal.

4.1 Conceito de capitalização no cartão de crédito

Ocorre a capitalização quando **vencido o período ajustado (por exemplo: mensal), os juros não pagos (pressupõe mutuário inadimplente) sejam incorporados ao saldo devedor e sobre eles passem a incidir novos juros, e assim sucessivamente.**

Para mais informações sobre capitalização remetemos o leitor para os capítulos específicos desta obra.

5 DESCARACTERIZAÇÃO DA MORA

Para que ocorra a descaracterização da mora faz-se necessária a averiguação da abusividade dos encargos contratuais (juros remuneratórios e capitalização) para o período de normalidade contratual, isto é, incidentes antes do período de inadimplência.

Vale dizer, os juros remuneratórios e a capitalização, desde que provadas as suas ilicitudes, são os únicos encargos que têm o condão de justificar a descaracterização da mora.

A matéria da caracterização da mora foi apreciada pela Segunda Seção do Superior Tribunal de Justiça, no julgamento do **REsp n. 1.061.530/ RS, julgado em 22/10/2008, relatora a Ministra Nancy Andrighi**, submetido ao regime dos recursos repetitivos, firmou posicionamento no sentido de que:

> **ORIENTAÇÃO 2 – CONFIGURAÇÃO DA MORA**
> a) O reconhecimento da abusividade nos encargos exigidos no período da normalidade contratual (juros remuneratórios e capitalização) descaracteriza a mora;

6 COMISSÃO DE PERMANÊNCIA

A comissão de permanência é um encargo devido no período de inadimplência contratual e sua incidência somente é permitida quando prevista em contrato e não cumulada com juros remuneratórios, juros moratórios, correção monetária e multa contratual.

Limite: A comissão de permanência não poderá ultrapassar a soma dos encargos remuneratórios e moratórios previstos no contrato.

Recentemente, o STJ confirmou tal entendimento quando da edição da Súmula 472, *in verbis*:

> A cobrança de comissão de permanência, cujo valor não pode ultrapassar a soma dos encargos remuneratórios e moratórios previstos no contrato, exclui a exigibilidade dos juros remuneratórios, moratórios e da multa contratual.

Conforme se vê, a comissão de permanência é composta pelos **encargos moratórios** (1% ao mês e multa de 2%) e **juros remuneratórios** ao mês do contrato ou do Bacen, ou seja, aquele que for menor.

Para mais informações sobre o tema remetemos o leitor ao Capítulo XIV desta obra.

7 TARIFA DE ABERTURA DE CRÉDITO

Possibilidade de cobrança apenas dos serviços bancários taxativamente previstos na norma padronizadora. Imprescindível previsão em cláusula contratual clara e objetiva. **TAC e TEC. Ilegalidade a contar de 30/4/2008. Tarifa de Cadastro. Legalidade.**

Vale registrar que a **Tarifa de Cadastro** é permitida no início do relacionamento bancário entre as partes na abertura da conta corrente, neste ato é legal a cobrança da tarifa de cadastro.

Contudo, nos financiamentos futuros com o mesmo banco não entendo que seja cabível novamente a cobrança da tarifa de cadastro porque viola o REsp 1.251.331/RS que menciona: "a tarifa de cadastro somente pode ser cobrada **no início do relacionamento** entre o consumidor e a instituição financeira". É necessário que o mutuário comprove que já foi cobrada a tarifa de cadastro no início da relação com o banco, que ocorreu na data da abertura da conta corrente.

7.1 Outras tarifas de cobranças – decisões de afetação

O Ministro Paulo de Tarso Sanseverino do Superior Tribunal de Justiça (STJ) determinou a suspensão do trâmite de todos os processos que discutiam a validade da **cobrança por registo de contrato**, **avaliação de bem** ou qualquer outro **serviço de terceiro** em financiamentos bancários.

A suspensão que alcança todas as instâncias judiciais em todo o território nacional, valerá até que a Segunda Seção do STJ julgue os REsps 1.578.553-SP e 1.578.490-SP, rel. Paulo de Tarso Sanseverino, *DJe* 17/10/2016.

Nesse sentido, TEMA 958:

> Recurso Especial afetado à Primeira Seção com representativo da seguinte controvérsia: "validade da cobrança, em contratos bancários, de **despesas com serviços prestados por terceiros**, **registro do contrato** e/ou **avaliação do bem**". REsp 1.578.553-SP e REsp 1.578.490-SP, rel. Min. Paulo de Tarso Sanseverino, *DJe* 17/10/2016.

Para mais informações sobre o tema remetemos o leitor para os capítulos específicos desta obra.

CAPÍTULO XVI

CONTA CORRENTE/CHEQUE ESPECIAL

1 INTRODUÇÃO

A Lei n. 8.078/90 (Código de Defesa do Consumidor, CDC) é aplicável às instituições financeiras, portanto, aplica-se aos contratos bancários.

Súmula 297 do STJ: "O Código de Defesa do Consumidor é aplicável às instituições financeiras."

2 DOS JUROS REMUNERATÓRIOS

Aplica-se a taxa média de mercado do Bacen.

Ademais, a questão dos juros remuneratórios foi analisada pela Segunda Seção no julgamento do Recurso Especial n. 1.061.530-RS, data do julgamento: 22/10/2008, *DJe* 10/3/2009, recurso representativo, com o propósito de estabelecer paradigma de julgamento, sob o rito do art. 543-C do Código de Processo Civil, de relatoria da Ministra NANCY ANDRIGHI.

Oportuna a transcrição de trecho do acórdão, pois, é nesse ponto que se extrai a tese jurídica fixada (*ratio decidendi*) que servirá de parâmetro para os demais casos similares, e não da ementa.

Veja:

> Assim, dentro do universo regulatório atual, a taxa média (leia-se: taxa média de mercado divulgada pelo Bacen) constitui o melhor parâmetro para a elaboração de um juízo sobre abusividade. Como

média, não se pode exigir que todos os empréstimos sejam feitos segundo essa taxa. Se isto ocorresse, a taxa média deixaria de ser o que é, para ser um valor fixo. Há, portanto, que se admitir uma faixa razoável para a variação dos juros (fls. 18).

Portanto, pode-se concluir:

As instituições financeiras têm como parâmetro, "mas não como limite", a taxa média de mercado divulgada pelo Bacen, em operações da mesma natureza, admitindo-se uma faixa razoável para a variação dos juros.

A expressão "mas não como limite" não quer dizer que as taxas de juros podem ser ilimitadas ou consignadas de forma desarrazoada. Têm que respeitar o espírito do acórdão.

A expressão "faixa razoável para variação dos juros", os dicionários ensinam que razoável "não é excessivo"; "é moderado", "é módico".

A expressão do trecho do acórdão REsp 1.061.530/RS, "há, portanto, que se admitir uma faixa razoável para a variação dos juros", não é autorizar taxa de juros à vontade da instituição financeira, pelo contrário, entendo que deve ser entendida aquela que **não ultrapassar até 10% sobre a taxa média de mercado divulgada pelo Bacen** em operações da mesma natureza, visto que o acréscimo de até 10% além da taxa média de mercado é módico, é moderado e não excessivo. Aqui não se fala em imposição de limites, mas de adequação de até 10% ao significado de "faixa razoável para variação dos juros".

Portanto, a abusividade dos juros remuneratórios ocorre quando a cobrança ultrapassar 10% sobre a taxa média de mercado divulgada pelo Bacen, em operações da mesma natureza, até porque mais do que isso é abuso, causa insegurança jurídica e viola o sentido do REsp 1.061.530-RS.

Para mais informações sobre juros remuneratórios remetemos o leitor para o Capítulo II desta obra.

JURISPRUDÊNCIA

TJSC. Ementa. APELAÇÃO CÍVEL. AÇÃO REVISIONAL. CONTRATO DE ABERTURA DE CRÉDITO EM CONTA CORRENTE DO TIPO CHEQUE **ESPECIAL**. SENTENÇA DE

PARCIAL PROCEDÊNCIA. RECURSO DO BANCO RÉU. JUROS REMUNERATÓRIOS. DOCUMENTOS REFERENTES ÀS OPERAÇÕES DE CHEQUE ESPECIAL. NÃO ACOSTADOS AOS AUTOS. SANÇÃO DO ART. 359, INC. I, CPC. HIPÓTESE EM QUE OS JUROS DEVEM SER LIMITADOS À TAXA MÉDIA DE MERCADO DIVULGADA PELO BACEN, EXCETO SE AQUELA COBRADA FOR MAIS BENÉFICA AO CONSUMIDOR. NOVO ENTENDIMENTO (Processo: 2016.028460-5 (Acórdão). Relator: Soraya Nunes Lins. Origem: Lages. Órgão Julgador: Quinta Câmara de Direito Comercial. Julgado em: 9/6/2016).

3 DA CAPITALIZAÇÃO

Admite-se a capitalização de juros com periodicidade inferior à anual em contratos celebrados após 31/3/2000, data da publicação da Medida Provisória n. 1.963-17/2000, revigorada pela Medida Provisória n. 2.170-36/2001 e desde que expressamente pactuada. Ademais, para taxas de juros anuais superiores ao duodécuplo das mensais, nos termos do REsp n. 973.827/RS, entende-se como contratada a capitalização dos juros.

Assim, tem que haver cláusula contratual autorizando a capitalização, caso não exista, basta a indicação da taxa mensal ou anual de juros para caracterizar o permissivo da capitalização. Caso ausentes as duas possibilidades é de se proibir a capitalização e aplicar juros simples de forma linear.

Por outro lado, faltando a pactuação numérica da taxa mensal, ou ainda da taxa anual, uma ou outra, fica descaracterizado o duodécuplo, ou seja, a capitalização mensal.

3.1 Conceito de capitalização no cheque especial

Ocorre a capitalização quando **vencido o período ajustado (mensal), os juros não pagos (pressupõe mutuário inadimplente) sejam incorporados ao saldo devedor e sobre eles passem a incidir novos juros, e assim sucessivamente.**

Para mais informações sobre capitalização remetemos o leitor para os capítulos específicos desta obra.

4 DA DESCARACTERIZAÇÃO DA MORA

Para que ocorra a descaracterização da mora faz-se necessária a averiguação da abusividade dos encargos contratuais (juros remuneratórios e capitalização) para o período de normalidade contratual, isto é, incidentes antes do período de inadimplência.

Vale dizer, os juros remuneratórios e a capitalização, desde que provadas as suas ilicitudes, são os únicos encargos que têm o condão de justificar a descaracterização da mora.

A matéria da caracterização da mora foi apreciada pela Segunda Seção do Superior Tribunal de Justiça, no julgamento do **REsp n. 1.061.530/RS, julgado em 22/10/2008, relatora a Ministra Nancy Andrighi**, submetido ao regime dos recursos repetitivos, firmou posicionamento no sentido de que:

> ORIENTAÇÃO 2 – CONFIGURAÇÃO DA MORA
>
> a) O reconhecimento da abusividade nos encargos exigidos no período da normalidade contratual (juros remuneratórios e capitalização) descaracteriza a mora;

Para mais informações sobre a descaracterização da mora remetemos o leitor para o Capítulo XI desta obra.

5 DA COMISSÃO DE PERMANÊNCIA

A comissão de permanência é um encargo devido no período de inadimplência contratual e sua incidência somente é permitida quando prevista em contrato e não cumulada com juros remuneratórios, juros moratórios, correção monetária e multa contratual.

Limite: a comissão de permanência não poderá ultrapassar a soma dos encargos remuneratórios e moratórios previstos no contrato.

Recentemente, o STJ confirmou tal entendimento quando da edição da Súmula 472, *in verbis*:

> A cobrança de comissão de permanência, cujo valor não pode ultrapassar a soma dos encargos remuneratórios e moratórios

previstos no contrato, exclui a exigibilidade dos juros remuneratórios, moratórios e da multa contratual.

Conforme se vê, a comissão de permanência é composta pelos **encargos moratórios** (1% ao mês e multa de 2%) e **juros remuneratórios** ao mês do contrato ou do Bacen, ou seja, aquele que for menor.

Para mais informações sobre a descaracterização da mora remetemos o leitor para o Capítulo XIV desta obra.

6 TARIFAS BANCÁRIAS

Possibilidade de cobrança apenas dos serviços bancários taxativamente previstos na norma padronizadora. Imprescindível previsão em cláusula contratual clara e objetiva. **TAC e TEC. Ilegalidade a contar de 30/4/2008. Tarifa de Cadastro. Legalidade.**

Vale registrar que a **Tarifa de Cadastro** é permitida no início do relacionamento bancário entre as partes na abertura da conta corrente, neste ato é legal a cobrança da tarifa de cadastro.

Contudo, nos financiamentos futuros com o mesmo banco não entendo que seja cabível novamente a cobrança da tarifa de cadastro porque viola o REsp 1.251.331/RS que menciona: "a tarifa de cadastro somente pode ser cobrada **no início do relacionamento** entre o consumidor e a instituição financeira". É necessário que o mutuário comprove que já foi cobrada a tarifa de cadastro no início da relação com o banco, que ocorreu na data da abertura da conta corrente.

OUTRAS TARIFAS DE COBRANÇAS – DECISÕES DE AFETAÇÃO

O Ministro Paulo de Tarso Sanseverino do Superior Tribunal de Justiça (STJ) determinou a suspensão do trâmite de todos os processos que discutiam a validade da **cobrança por registo de contrato**, **avaliação de bem** ou qualquer outro **serviço de terceiro** em financiamentos bancários.

A suspensão que alcança todas as instâncias judiciais em todo o território nacional, valerá até que a Segunda Seção do STJ julgue os REsps 1.578.553-SP e 1.578.490-SP, rel. Paulo de Tarso Sanseverino, *DJe* 17/10/2016.

Nesse sentido, TEMA 958:

Recurso Especial afetado à Primeira (leia-se: Segunda) Seção com representativo da seguinte controvérsia: "validade da cobrança, em contratos bancários, de **despesas com serviços prestados por terceiros, registro do contrato** e/ou **avaliação do bem**". REsp 1.578.553-SP e REsp 1.578.490-SP, rel. Min. Paulo de Tarso Sanseverino, *DJe* 17/10/2016.

Para mais informações sobre o tema remetemos o leitor ao Capítulo XV desta obra.

7 JURISPRUDÊNCIA

TJRS. Ementa: CHEQUE ESPECIAL. Da capitalização dos juros: Inteligência do art. 5º da Medida Provisória n. 2.170-36/01, que exige a previsão contratual expressa para os contratos bancários firmados após 31/3/2000 (Apelação Cível n. 70072085079, Décima Sétima Câmara Cível, Tribunal de Justiça do RS, relator: Gelson Rolim Stocker, julgado em 15/12/2016).

TJSC. Ementa. CONTRATOS DE ABERTURA DE CRÉDITO EM CONTA CORRENTE – CHEQUE ESPECIAL. PLEITO DE INCIDÊNCIA DA CAPITALIZAÇÃO DE JUROS NO PACTO N. 338/2000. IMPOSSIBILIDADE. AVENÇA QUE TRAZ EM SEU BOJO APENAS A TAXA MENSAL. ADEMAIS, AUSÊNCIA DE EXPRESSA PACTUAÇÃO DO ENCARGO. COBRANÇA VEDADA (Processo: 0011393-28.2012.8.24.0075 (Acórdão). Relator: Rejane Andersen. Origem: Tubarão. Órgão Julgador: Segunda Câmara de Direito Comercial. Julgado em: 22/11/2016.

Capítulo XVII

CÉDULA DE CRÉDITO RURAL

1 INTRODUÇÃO

A Lei n. 8.078/90 (Código de Defesa do Consumidor, CDC) é aplicável às instituições financeiras, portanto, aplica-se aos contratos bancários, cédula de crédito rural.

Súmula 297 do STJ: "O Código de Defesa do Consumidor é aplicável às instituições financeira."

2 JUROS REMUNERATÓRIOS

Aplica-se 12% ao ano, Decreto-lei n. 22.626/33, Lei da Usura.

As cédulas de crédito rural, comercial e industrial estão submetidas a regramentos próprios, quais sejam: o da Lei n. 6.840/80 e do Decreto-lei n. 413/69, que, por sua vez, conferem ao Conselho Monetário Nacional o dever de fixar os juros a serem praticados. Em virtude da omissão do CMN, incide a limitação de 12% ao ano; prevista no Decreto n. 22.626/33, Lei da Usura.

3 CAPITALIZAÇÃO

Admite-se a capitalização de juros com periodicidade inferior à anual em contratos celebrados após 31/3/2000, data da publicação da Medida Provisória n. 1.963-17/2000, revigorada pela Medida Provisória n. 2.170-36/2001 e desde que expressamente pactuada. Ademais, para taxas de juros anuais superiores ao duodécuplo das mensais, nos termos do REsp n. 973.827/RS, entende-se como contratada a capitalização dos juros.

Assim, tem que haver cláusula contratual autorizando a capitalização, caso não exista, basta a indicação da taxa mensal ou anual de juros para caracterizar o permissivo da capitalização. Caso ausentes as duas possibilidades é de se proibir a capitalização e aplicar juros simples de forma linear.

Por outro lado, faltando a pactuação numérica da taxa mensal, ou ainda da taxa anual, uma ou outra, fica descaracterizado o duodécuplo, ou seja, a capitalização mensal.

Além disso, conforme jurisprudência do E. Superior Tribunal de Justiça, em caso de cédula de crédito rural é cabível capitalização mensal de juros.

Nesse sentido, o STJ:

> Ementa. Consoante pacífica jurisprudência desta eg. Corte Superior de Justiça, é possível, nas cédulas de crédito rural, industrial e comercial, a capitalização mensal dos juros, desde que expressamente pactuada, como no caso dos autos. Incidência da Súmula 93/STJ (AgInt no AREsp 974267/PR). AGRAVO INTERNO NO AGRAVO EM RECURSO ESPECIAL 2016/0227287-8. Ministro RAUL ARAÚJO (1143). T4 – QUARTA TURMA. Data do Julgamento: 8/11/2016).

> Ementa. Recurso Repetitivo. A Segunda Seção por unanimidade reconheceu para os efeitos do artigo 543-C, do CPC, fixou-se a tese de que "A legislação sobre cédulas de crédito rural admite o pacto de capitalização de juros em periodicidade inferior à semestral" (REsp 1333977/MTRECURSOESPECIAL2012/0144138-8. Ministra MARIA ISABEL GALLOTTI (1145). S2 – SEGUNDA SEÇÃO. Data do Julgamento: 26/2/2014).

3.1 Em que momento ocorre a capitalização na cédula de crédito rural

Somente ocorre a capitalização dos juros quando vencido o período ajustado (por exemplo: mensal, trimestral, semestral ou anual), os juros não pagos (pressupõe mutuário inadimplente) **sejam incorporados ao capital** (saldo devedor subsequente), além disso, sobre eles passem a incidir novos juros, e assim sucessivamente.

Em outras palavras: a capitalização de juros existe apenas se ocorrer a incorporação dos juros ao saldo devedor ou à prestação ao final de cada período de contagem e sobre eles passem a incidir novos juros, e assim sucessivamente.

Portanto, pode-se concluir:

(I) mutuário inadimplente (com prestação, juros do cheque especial ou juros do cartão de crédito): há capitalização;

(II) mutuário em dia com a sua obrigação: não há capitalização.

E A TABELA PRICE, SAC E O SACRE?

O pressuposto da capitalização, agora (diferentemente de outrora), independe se as prestações foram calculadas pela Tabela Price (TP), Sistema de Amortização Constante (SAC), ou ainda pelo Sistema de Amortização Crescente (SACRE), uma vez que a sua aferição se dá apenas se ocorreu a inadimplência do mutuário nos termos do REsp n. 973.827/RS, e não em função da expressão exponencial $(1 + i)^n$.

Para maiores informações remetemos o leitor para os Capítulos III, IV e V desta obra.

4 DESCARACTERIZAÇÃO DA MORA

Para que ocorra a descaracterização da mora faz-se necessária a averiguação da abusividade dos encargos contratuais (juros remuneratórios e capitalização) para o período de normalidade contratual, isto é, incidentes antes do período de inadimplência.

Vale dizer, os juros remuneratórios e a capitalização, desde que provadas as suas ilicitudes, são os únicos encargos que têm o condão de justificar a descaracterização da mora.

A matéria da caracterização da mora foi apreciada pela Segunda Seção do Superior Tribunal de Justiça, no julgamento do **REsp n. 1.061.530/ RS, julgado em 22/10/2008, relatora a Ministra Nancy Andrighi**, submetido ao regime dos recursos repetitivos, firmou posicionamento no sentido de que:

ORIENTAÇÃO 2 – CONFIGURAÇÃO DA MORA

a) O reconhecimento da abusividade nos encargos exigidos no período da normalidade contratual (juros remuneratórios e capitalização) descaracteriza a mora.

Para mais informações sobre a descaracterização da mora remetemos o leitor para o Capítulo XI desta obra.

5 COMISSÃO DE PERMANÊNCIA

Não se aplica a comissão de permanência nas cédulas de crédito rural. Nesse sentido:

> Ementa. A comissão de permanência não deve ser aplicada às cédulas de crédito rural, que tem regramento próprio (REsp 1.348.081/RS RECURSOESPECIAL2012/0211326-4. Ministro JOÃO OTÁVIO DE NORONHA (1123). T3 – TERCEIRA TURMA. Data do julgamento: 2/6/2016).

6 TARIFAS BANCÁRIAS

Possibilidade de cobrança apenas dos serviços bancários taxativamente previstos na norma padronizadora. Imprescindível previsão em cláusula contratual clara e objetiva. **TAC e TEC. Ilegalidade a contar de 30/4/2008. Tarifa de Cadastro. Legalidade.**

Vale registrar que a **Tarifa de Cadastro** é permitida no início do relacionamento bancário entre as partes na abertura da conta corrente, neste ato é legal a cobrança da tarifa de cadastro.

Contudo, nos financiamentos futuros com o mesmo banco não entendo que seja cabível novamente a cobrança da tarifa de cadastro porque viola o REsp 1.251.331/RS que menciona: "a tarifa de cadastro somente pode ser cobrada **no início do relacionamento** entre o consumidor e a instituição financeira". É necessário que o mutuário comprove que já foi cobrada a tarifa de cadastro no início da relação com o banco, que ocorreu na data da abertura da conta corrente.

OUTRAS TARIFAS DE COBRANÇAS – DECISÕES DE AFETAÇÃO

O ministro Paulo de Tarso Sanseverino do Superior Tribunal de Justiça (STJ) determinou a suspensão do trâmite de todos os processos que discutiam a validade da **cobrança por registo de contrato, avaliação de bem** ou qualquer outro **serviço de terceiro** em financiamentos bancários.

A suspensão que alcança todas as instâncias judiciais em todo o território nacional, valerá até que a Segunda Seção do STJ julgue os REsps 1.578.553-SP e 1.578.490-SP, rel. Paulo de Tarso Sanseverino, *DJe* 17/10/2016.

Nesse sentido, TEMA 958:

> Recurso Especial afetado à Primeira (leia-se: Segunda) Seção com representativo da seguinte controvérsia: "validade da cobrança, em contratos bancários, de **despesas com serviços prestados por terceiros, registro do contrato** e/ou **avaliação do bem**". REsp 1.578.553-SP e REsp 1.578.490-SP, rel. Min. Paulo de Tarso Sanseverino, *DJe* 17/10/2016.

Para mais informações sobre o tema remetemos o leitor para o Capítulo XV desta obra.

7 PRESCRIÇÃO

A Segunda Seção do STJ, em sede de recurso repetitivo, determinou que a prescrição da cédula de crédito rural tem prazo vintenário com base no Código Civil de 1916, art. 177; e trienal com base no Código Civil de 2002, art. 206, § 3º, IV, tendo como termo inicial a data do pagamento.

Nesse sentido:

> Ementa. CÉDULA DE CRÉDITO RURAL. AÇÃO DE REPETIÇÃO DE INDÉBITO. PRESCRIÇÃO. PRAZO: VINTENÁRIO NO CÓDIGO CIVIL/1916 (ART. 177); TRIENAL NO CÓDIGO CIVIL/2002 (ART. 206, § 3º, IV). TERMO INICIAL: DATA DO PAGAMENTO. Para fins do art. 543-C do Código de Processo Civil de 1973: 1.1. "A pretensão de repetição de indébito de contrato de cédula de crédito rural prescreve no prazo de vinte

anos, sob a égide do art. 177 do Código Civil de 1916, e de três anos, sob o amparo do art. 206, § 3º, IV, do Código Civil de 2002, observada a norma de transição do art. 2.028 desse último Diploma Legal"; 1.2. – "O termo inicial da prescrição da pretensão de repetição de indébito de contrato de cédula de crédito rural é a data da efetiva lesão, ou seja, do pagamento" (REsp 1361730/RS. RECURSO ESPECIAL 2013/0011124-7. Ministro RAUL ARAÚJO (1143). S2 – SEGUNDA SEÇÃO. Data do Julgamento: 10/8/2016).

8 BANCO NÃO PODE SE NEGAR A RENEGOCIAR DÍVIDA DE CRÉDITO RURAL

Súmula 298 do STJ:

> O alongamento de dívida originada de crédito rural não constitui faculdade da instituição financeira, mas, direito do devedor nos termos da lei.

Resolução n. 4.272, de 2 de outubro de 2013:

> Autoriza a renegociação de operações de crédito rural destinadas à produção de soja, milho e trigo, contratadas por produtores rurais nas Safras 003/2004 a 2010/2011, nos municípios atingidos por estiagem nos anos de 2005 e 2012, no Estado do Rio Grande do Sul.

9 JURISPRUDÊNCIA

> **TJSP.** Ementa: CÉDULA RURAL PIGNORATÍCIA. TÍTULO EXECUTIVO – Execução fundada em Cédula Rural Pignoratícia – Título acompanhado de planilha e de cálculo indicando as prestações vencidas – Presente o requisitos de certeza, liquidez e exigibilidade – JUROS CAPITALIZADOS – Possibilidade – Expressa pactuação – Cobrança legal e devida – A Medida Provisória n. 1.963-17/2000 permite a capitalização mensal de juros, desde que expressamente contratada, caso

dos autos – JUROS CONTRATUAIS – Fixação em 8,750% ao ano – Abusividade não caracterizada – Taxas inferior a 12% ao ano – Recurso não provido. COMISSÃO DE PERMANÊNCIA – Pretendida a cobrança a partir da data do inadimplemento – Impossibilidade – Inviável a cobrança desse encargo em *Cédula Rural* Pignoratícia – Entendimento firmado em julgamento de recurso repetitivo no REsp 1061530/RS – Recurso provido neste capítulo recursal. Dispositivo: deram provimento em parte ao recurso (0006296-89.2009.8.26.0659 Apelação/Espécies de Títulos de Crédito. Relator: Ricardo Negrão. Comarca: Vinhedo. Órgão julgador: 19ª Câmara de Direito Privado. Data do julgamento: 5/12/2016).

TJRS. Ementa. APELAÇÃO CÍVEL. ALIENAÇÃO FIDUCIÁRIA. AÇÃO REVISIONAL DE CONTRATO. CÉDULA DE CRÉDITO RURAL. Código de Defesa do Consumidor. Aplicável às operações de concessão de crédito e financiamento. Súmula n. 297 do STJ. Juros remuneratórios. Nos casos de cédula de crédito rural, os juros remuneratórios devem ser fixados no limite de 12% ao ano (Apelação Cível n. 70058859653, Décima Quarta Câmara Cível, Tribunal de Justiça do RS, Relatora: Miriam A. Fernandes, julgado em 15/12/2016).

TJSC. Ementa. A possibilidade de alongamento da dívida rural, denominado pela doutrina de securitização, é um programa instituído pelo Governo Federal para o alongamento de débitos rurais, em caso de comprovada dificuldade financeira suportada por produtor rural. Para inclusão no programa, o Superior Tribunal de Justiça decidiu que "o alongamento de dívida originada de crédito rural não constitui faculdade da instituição financeira, mas, direito do devedor nos termos da lei" (Súmula n. 298), deixando claro que alguns requisitos devem ser preenchidos. Consoante regulamentação da matéria, a dívida deve ter natureza rural; ter sido contraída no período legalmente assegurado; e se enquadrar o produtor no que dispõe o item 2.6.9 do Manual de Crédito Rural do Banco Central do Brasil. Ausentes tais requisitos, indevido é o alongamento da dívida [...] (AC n. 2009.026607-6, de Itaiópolis, rel. Des. Robson Luz Varella. J. em: 23-4-2013) (Processo: 0002038-22.2011.8.24.0077

(Acórdão). Relator: Rogério Mariano do Nascimento. Origem: Urubici. Órgão Julgador: Primeira Câmara de Direito Comercial. Julgado em: 3/11/2016).

TJPR. Ementa. A capitalização mensal de juros é permitida nas cédulas de crédito rural quando expressamente pactuada (Processo: 1587187-5 (Acórdão). Relator: Jucimar Novochadlo. Órgão Julgador: 15ª Câmara Cível. Comarca: Imbituva. Data do Julgamento: 19/10/2016).

10 SÚMULA 93

A LEGISLAÇÃO SOBRE **CÉDULAS DE CRÉDITO** RURAL, COMERCIAL E INDUSTRIAL ADMITE O PACTO DE CAPITALIZAÇÃO DE JUROS.

CAPÍTULO XVIII

EMPRÉSTIMO CONSIGNADO

1 INTRODUÇÃO

A Lei n. 8.078/90 (Código de Defesa do Consumidor, CDC) é aplicável às instituições financeiras, portanto, aplica-se aos contratos bancários.

Súmula 297 do STJ: "O Código de Defesa do Consumidor é aplicável às instituições financeiras."

2 JUROS REMUNERATÓRIOS

Aplica-se a taxa média de mercado do Bacen.

Ademais, a questão dos juros remuneratórios foi analisada pela Segunda Seção no julgamento do Recurso Especial n. 1.061.530-RS, data do julgamento: 22/10/2008, *DJe* 10/3/2009, recurso representativo, com o propósito de estabelecer paradigma de julgamento, sob o rito do art. 543-C do Código de Processo Civil, de relatoria da Ministra NANCY ANDRIGHI.

Oportuna a transcrição de trecho do acórdão, pois, é nesse ponto que se extrai a tese jurídica fixada (*ratio decidendi*) que servirá de parâmetro para os demais casos similares, e não da ementa.

Veja:

> Assim, dentro do universo regulatório atual, a taxa média (leia-se: taxa média de mercado divulgada pelo Bacen) constitui o melhor

parâmetro para a elaboração de um juízo sobre abusividade. Como média, não se pode exigir que todos os empréstimos sejam feitos segundo essa taxa. Se isto ocorresse, a taxa média deixaria de ser o que é, para ser um valor fixo. Há, portanto, que se admitir uma faixa razoável para a variação dos juros (fls. 18).

Portanto, pode-se concluir:

As instituições financeiras têm como parâmetro, "mas não como limite", a taxa média de mercado divulgada pelo Bacen, em operações da mesma natureza, admitindo-se uma faixa razoável para a variação dos juros.

A expressão: "mas não como limite" não quer dizer que as taxas de juros podem ser ilimitadas ou consignadas de forma desarrazoadas. Tem que respeitar o espírito do acórdão.

Na expressão "faixa razoável para variação dos juros", os dicionários ensinam que razoável "não é excessivo"; "é moderado", "é módico".

A expressão do trecho do acórdão REsp 1.061.530/RS, "há, portanto, que se admitir uma faixa razoável para a variação dos juros", não é autorizar taxa de juros à vontade da instituição financeira, pelo contrário, entendo que deve ser entendida aquela que **não ultrapassar até 10% sobre a taxa média de mercado divulgada pelo Bacen** em operações da mesma natureza, visto que o acréscimo de até 10% além da taxa média de mercado é módico, é moderado, e não excessivo. Aqui não se fala em imposição de limites, mas de adequação de até 10% ao significado de "faixa razoável para variação dos juros".

Portanto, a abusividade dos juros remuneratórios ocorre quando a cobrança ultrapassar 10% sobre a taxa média de mercado divulgada pelo Bacen, em operações da mesma natureza, até porque mais do que isso é abuso, causa insegurança jurídica e viola o sentido do REsp 1.061.530-RS.

Para mais informações sobre juros remuneratórios remetemos o leitor para o Capítulo II desta obra.

3 CAPITALIZAÇÃO

Admite-se a capitalização de juros com periodicidade inferior à anual em contratos celebrados após 31/3/2000, data da publicação da Medida

Provisória n. 1.963-17/2000, revigorada pela Medida Provisória n. 2.170-36/2001 e desde que expressamente pactuada. Ademais, para taxas de juros anuais superiores ao duodécuplo das mensais, nos termos do REsp n. 973.827/RS, entende-se como contratada a capitalização dos juros.

Assim, tem que haver cláusula contratual autorizando a capitalização, caso não exista, basta a indicação da taxa mensal ou anual de juros para caracterizar o permissivo da capitalização. Caso ausentes as duas possibilidades é de se proibir a capitalização e aplicar juros simples de forma linear.

Por outro lado, faltando a pactuação numérica da taxa mensal, ou ainda da taxa anual, uma ou outra, fica descaracterizado o duodécuplo, ou seja, a capitalização mensal.

3.1 Em que momento ocorre a capitalização no empréstimo consignado

Somente ocorre a capitalização dos juros quando vencido o período ajustado (por exemplo: mensal, trimestral, semestral ou anual), **os juros não pagos** (pressupõe mutuário inadimplente) **sejam incorporados ao capital** (saldo devedor subsequente), além disso, sobre eles passem a incidir novos juros, e assim sucessivamente.

Em outras palavras: a capitalização de juros existe apenas se ocorrer a incorporação dos juros ao saldo devedor ao final de cada período de contagem e sobre eles passem a incidir novos juros, e assim sucessivamente.

Portanto, pode-se concluir:

(I) mutuário inadimplente (com prestação, juros do cheque especial ou juros do cartão de crédito): há capitalização;

(II) mutuário em dia com a sua obrigação: não há capitalização.

E A TABELA PRICE, SAC E O SACRE?

O pressuposto da capitalização, agora (diferentemente de outrora), independe se as prestações foram calculadas pela Tabela Price (TP), Sistema de Amortização Constante (SAC), ou ainda pelo Sistema de Amortização Crescente (SACRE), uma vez que a sua aferição se dá apenas se ocorreu a inadimplência do mutuário nos termos do REsp n. 973.827/RS, e não em função da expressão exponencial $(1 + i)^n$.

Para mais informações sobre capitalização remetemos o leitor aos capítulos específicos sobre o tema.

4 DESCARACTERIZAÇÃO DA MORA

Para que ocorra a descaracterização da mora faz-se necessária a averiguação da abusividade dos encargos contratuais (juros remuneratórios e capitalização) para o período de normalidade contratual, isto é, incidentes antes do período de inadimplência.

Vale dizer, os juros remuneratórios e a capitalização, desde que provadas as suas ilicitudes, são os únicos encargos que têm o condão de justificar a descaracterização da mora.

A matéria da caracterização da mora foi apreciada pela Segunda Seção do Superior Tribunal de Justiça, no julgamento do **REsp n. 1.061.530/RS, julgado em 22/10/2008, relatora a Ministra Nancy Andrighi**, submetido ao regime dos recursos repetitivos, firmou posicionamento no sentido de que:

> ORIENTAÇÃO 2 – CONFIGURAÇÃO DA MORA
>
> a) O reconhecimento da abusividade nos encargos exigidos no período da normalidade contratual (juros remuneratórios e capitalização) descaracteriza a mora;

Para mais informações sobre a descaracterização da mora remetemos o leitor para o Capítulo XI desta obra.

5 COMISSÃO DE PERMANÊNCIA

A comissão de permanência é um encargo devido no período de inadimplência contratual e sua incidência somente é permitida quando prevista em contrato e não cumulada com juros remuneratórios, juros moratórios, correção monetária e multa contratual.

Limite: a comissão de permanência não poderá ultrapassar a soma dos encargos remuneratórios e moratórios previstos no contrato.

Recentemente, o STJ confirmou tal entendimento quando da edição da Súmula 472, *in verbis*:

A cobrança de comissão de permanência, cujo valor não pode ultrapassar a soma dos encargos remuneratórios e moratórios previstos no contrato, exclui a exigibilidade dos juros remuneratórios, moratórios e da multa contratual.

Conforme se vê, a comissão de permanência é composta pelos **encargos moratórios** (1% ao mês e multa de 2%) e **juros remuneratórios** ao mês do contrato ou do Bacen, ou seja, aquele que for menor.

Para mais informações sobre a descaracterização da mora remetemos o leitor para o Capítulo XIV desta obra.

6   Tarifas bancárias

Possibilidade de cobrança apenas dos serviços bancários taxativamente previstos na norma padronizadora. Imprescindível previsão em cláusula contratual clara e objetiva. **TAC e TEC. Ilegalidade a contar de 30/4/2008. Tarifa de Cadastro. Legalidade.**

Vale registrar que a **Tarifa de Cadastro** é permitida no início do relacionamento bancário entre as partes na abertura da conta corrente, neste ato é legal a cobrança da tarifa de cadastro.

Contudo, nos financiamentos futuros com o mesmo banco não entendo que seja cabível novamente a cobrança da tarifa de cadastro porque viola o REsp 1.251.331/RS que menciona: "a tarifa de cadastro somente pode ser cobrada **no início do relacionamento** entre o consumidor e a instituição financeira". É necessário que o mutuário comprove que já foi cobrada a tarifa de cadastro no início da relação com o banco que ocorreu na data da abertura da conta corrente.

6.1   Outras tarifas de cobranças – decisões de afetação

O Ministro Paulo de Tarso Sanseverino do Superior Tribunal de Justiça (STJ) determinou a suspensão do trâmite de todos os processos que discutiam a validade da **cobrança por registo de contrato, avaliação de bem** ou qualquer outro **serviço de terceiro** em financiamentos bancários.

A suspensão que alcança todas as instâncias judiciais em todo o território nacional, valerá até que a Segunda Seção do STJ julgue os

REsps 1.578.553-SP e 1.578.490-SP, rel. Paulo de Tarso Sanseverino, *DJe* 17/10/2016.

Nesse sentido, TEMA 958:

> Recurso Especial afetado à Primeira (leia-se: Segunda) Seção com representativo da seguinte controvérsia: "validade da cobrança, em contratos bancários, de **despesas com serviços prestados por terceiros, registro do contrato** e/ou **avaliação do bem**". REsp 1.578.553-SP e REsp 1.578.490-SP, rel. Min. Paulo de Tarso Sanseverino *DJe* 17/10/2016.

Aplica-se o Capítulo XV desta obra para onde remetemos o leitor.

7 JURISPRUDÊNCIA

TJSP. Ementa. Empréstimos consignados em conta corrente. Funcionária pública estadual. Limitação a 30% sobre o valor dos rendimentos líquidos. Prestígio. Parâmetros estabelecidos pela Lei 10.820/03. Benesse conferida ao devedor no intuito de preservar o mínimo necessário ao próprio sustento sem descurar do adimplemento das obrigações assumidas. Possibilidade de limitação dos descontos realizados em folha ou em conta corrente. Sentença mantida (1003774-51.2016.8.26.0037 Apelação/Bancários. Relator: Sérgio Rui. Comarca: Araraquara. Órgão julgador: 22ª Câmara de Direito Privado. Data do julgamento: 15/12/2016).

TJRS. Empréstimo Consignado. No caso, verifica-se que o percentual de juros anual é superior a doze vezes o de juros mensal, devendo ser mantida a capitalização de juros mensal (Apelação Cível n. 70071143291, Vigésima Quarta Câmara Cível, Tribunal de Justiça do RS, relator: Jorge Maraschin dos Santos, julgado em 14/12/2016).

TJSC. Ementa. Juros remuneratórios. ADMISSÃO DO RECURSO ESPECIAL N. 1.061.530/RS, DE QUE TRATA A MULTIPLICIDADE DE RECURSOS COM FUNDAMENTO IDÊNTICO À QUESTÃO DE DIREITO, COMO REPRESENTATIVO DA CONTROVÉRSIA. JULGAMENTO, SOB A RELATORIA DA MI-

NISTRA NANCY ANDRIGHI, (...) HIPÓTESE VERTENTE EM QUE O PERCENTUAL PREVISTO NO CONTRATO SUPLANTA A TAXA MÉDIA PRATICADA EM MERCADO EM MAIS DE 10% (DEZ POR CENTO). ABUSIVIDADE PATENTEADA (Processo: 0018789-27.2012.8.24.0020 (Acórdão). Relator: José Carlos Carstens Köhler. Origem: Criciúma. Órgão julgador: Quarta Câmara de Direito Comercial. Julgado em: 8/11/2016).

CAPÍTULO XIX

EMPRÉSTIMO PESSOA FÍSICA E JURÍDICA

1 INTRODUÇÃO

A Lei n. 8.078/90 (Código de Defesa do Consumidor, CDC) é aplicável às instituições financeiras, portanto, aplica-se aos contratos bancários.

Súmula 297 do STJ: "O Código de Defesa do Consumidor é aplicável às instituições financeira."

2 JUROS REMUNERATÓRIOS

Aplica-se a taxa média de mercado do Bacen.

Ademais, a questão dos juros remuneratórios foi analisada pela Segunda Seção no julgamento do Recurso Especial n. 1.061.530-RS, data do julgamento: 22/10/2008, *DJe* 10/3/2009, recurso representativo, com o propósito de estabelecer paradigma de julgamento, sob o rito do art. 543-C do Código de Processo Civil, de relatoria da Ministra NANCY ANDRIGHI.

Oportuna a transcrição de trecho do acórdão, pois, é nesse ponto que se extrai a tese jurídica fixada (*ratio decidendi*) que servirá de parâmetro para os demais casos similares, e não da ementa.

Veja:

> Assim, dentro do universo regulatório atual, a taxa média (leia-se: taxa média de mercado divulgada pelo Bacen) constitui o melhor parâmetro para a elaboração de um juízo sobre abusividade. Como

média, não se pode exigir que todos os empréstimos sejam feitos segundo essa taxa. Se isto ocorresse, a taxa média deixaria de ser o que é, para ser um valor fixo. Há, portanto, que se admitir uma faixa razoável para a variação dos juros (fls. 18).

Portanto, pode-se concluir:

As instituições financeiras têm como parâmetro, "mas não como limite", a taxa média de mercado divulgada pelo Bacen, em operações da mesma natureza, admitindo-se uma faixa razoável para a variação dos juros.

A expressão "mas não como limite" não quer dizer que as taxas de juros podem ser ilimitadas ou consignadas de forma desarrazoada. Têm que respeitar o espírito do acórdão.

Na expressão "faixa razoável para variação dos juros", os dicionários ensinam que razoável "não é excessivo"; "é moderado", "é módico".

A expressão do trecho do acórdão REsp 1.061.530/RS, "há, portanto, que se admitir uma faixa razoável para a variação dos juros", não é autorizar taxa de juros à vontade da instituição financeira, pelo contrário, entendo que deve ser entendida aquela que **não ultrapassar até 10% sobre a taxa média de mercado divulgada pelo Bacen** em operações da mesma natureza, visto que o acréscimo de até 10% além da taxa média de mercado é módico, é moderado, e não excessivo. Aqui não se fala em imposição de limites, mas de adequação de até 10% ao significado de "faixa razoável para variação dos juros".

Portanto, a abusividade dos juros remuneratórios ocorre quando a cobrança ultrapassar 10% sobre a taxa média de mercado divulgada pelo Bacen, em operações da mesma natureza, até porque mais do que isso é abuso, causa insegurança jurídica e viola o sentido do REsp 1.061.530-RS.

Para mais informações sobre juros remuneratórios remetemos o leitor para o Capítulo II desta obra.

3 CAPITALIZAÇÃO

Admite-se a capitalização de juros com periodicidade inferior à anual em contratos celebrados após 31/3/2000, data da publicação da Medida Provisória n. 1.963-17/00, revigorada pela Medida Provisória n. 2.170-

36/01 e desde que expressamente pactuada. Ademais, para taxas de juros anuais superiores ao duodécuplo das mensais, nos termos do REsp n. 973.827/RS, entende-se como contratada a capitalização dos juros.

Assim, tem que haver cláusula contratual autorizando a capitalização, caso não exista, basta a indicação da taxa mensal ou anual de juros para caracterizar o permissivo da capitalização. Caso ausentes as duas possibilidades é de se proibir a capitalização e aplicar juros simples de forma linear.

Ademais, faltando a pactuação numérica da taxa mensal, ou ainda da taxa anual, uma ou outra, fica descaracterizado o duodécuplo, ou seja, a capitalização mensal.

3.1 Em que momento ocorre a capitalização no empréstimo pessoa física/jurídica

Somente ocorre a capitalização dos juros quando vencido o período ajustado (por exemplo: mensal, trimestral, semestral ou anual), **os juros não pagos** (pressupõe mutuário inadimplente) **sejam incorporados ao capital** (saldo devedor subsequente), além disso, sobre eles passem a incidir novos juros, e assim sucessivamente.

Em outras palavras: a capitalização de juros existe apenas se ocorrer a incorporação dos juros ao saldo devedor ao final de cada período de contagem e sobre eles passem a incidir novos juros, e assim sucessivamente.

Portanto, pode-se concluir:

(I)   mutuário inadimplente (com prestação): há capitalização;

(II) mutuário em dia com a sua obrigação: não há capitalização.

E A TABELA PRICE, SAC E O SACRE?

O pressuposto da capitalização, agora (diferentemente de outrora), independe se as prestações foram calculadas pela Tabela Price (TP), Sistema de Amortização Constante (SAC), ou ainda pelo Sistema de Amortização Crescente (SACRE), uma vez que a sua aferição se dá apenas se ocorreu a inadimplência do mutuário nos termos do REsp n. 973.827/RS, e não em função da expressão exponencial $(1 + i)^n$.

Para mais informações sobre capitalização remetemos o leitor aos Capítulos III e IV e V desta obra.

4 DESCARACTERIZAÇÃO DA MORA

Para que ocorra a descaracterização da mora faz-se necessária a averiguação da abusividade dos encargos contratuais (juros remuneratórios e capitalização) para o período de normalidade contratual, isto é, incidentes antes do período de inadimplência.

Vale dizer, os juros remuneratórios e a capitalização, desde que provadas as suas ilicitudes, são os únicos encargos que têm o condão de justificar a descaracterização da mora.

A matéria da caracterização da mora foi apreciada pela Segunda Seção do Superior Tribunal de Justiça, no julgamento do **REsp n. 1.061.530/RS, julgado em 22/10/2008, relatora a Ministra Nancy Andrighi**, submetido ao regime dos recursos repetitivos, firmou posicionamento no sentido de que:

> ORIENTAÇÃO 2 – CONFIGURAÇÃO DA MORA
>
> a) O reconhecimento da abusividade nos encargos exigidos no período da normalidade contratual (juros remuneratórios e capitalização) descaracteriza a mora.

Para mais informações sobre a descaracterização da mora remetemos o leitor para o Capítulo XI desta obra.

5 COMISSÃO DE PERMANÊNCIA

A comissão de permanência é um encargo devido no período de inadimplência contratual e sua incidência somente é permitida quando prevista em contrato e não cumulada com juros remuneratórios, juros moratórios, correção monetária e multa contratual.

Limite: a comissão de permanência não poderá ultrapassar a soma dos encargos remuneratórios e moratórios previstos no contrato.

Recentemente, o STJ confirmou tal entendimento quando da edição da Súmula 472, *in verbis*:

A cobrança de comissão de permanência, cujo valor não pode ultrapassar a soma dos encargos remuneratórios e moratórios previstos no contrato, exclui a exigibilidade dos juros remuneratórios, moratórios e da multa contratual.

Conforme se vê, a comissão de permanência é composta pelos **encargos moratórios** (1% ao mês e multa de 2%) e **juros remuneratórios** ao mês do contrato ou do Bacen, ou seja, aquele que for menor.

Para mais informações sobre a descaracterização da mora remetemos o leitor para o Capítulo XIV desta obra.

6 TARIFAS BANCÁRIAS

Possibilidade de cobrança apenas dos serviços bancários taxativamente previstos na norma padronizadora. Imprescindível previsão em cláusula contratual clara e objetiva. **TAC e TEC. Ilegalidade a contar de 30/4/2008. Tarifa de Cadastro. Legalidade.**

Vale registrar que a **Tarifa de Cadastro** é permitida no início do relacionamento bancário entre as partes na abertura da conta corrente, neste ato é legal a cobrança da tarifa de cadastro.

Contudo, nos financiamentos futuros com o mesmo banco não entendo que seja cabível novamente a cobrança da tarifa de cadastro porque viola o REsp 1.251.331/RS que menciona: "a tarifa de cadastro somente pode ser cobrada **no início do relacionamento** entre o consumidor e a instituição financeira". É necessário que o mutuário comprove que já foi cobrada a tarifa de cadastro no início da relação com o banco que ocorreu na data da abertura da conta corrente.

6.1 Outras tarifas de cobranças – decisões de afetação

O Ministro Paulo de Tarso Sanseverino do Superior Tribunal de Justiça (STJ) determinou a suspensão do trâmite de todos os processos que discutiam a validade da **cobrança por registo de contrato, avaliação de bem** ou qualquer outro **serviço de terceiro** em financiamentos bancários.

A suspensão que alcança todas as instâncias judiciais em todo o território nacional, valerá até que a Segunda Seção do STJ julgue os REsps 1.578.553-SP e 1.578.490-SP, rel. Paulo de Tarso Sanseverino, *DJe* 17/10/2016.

Nesse sentido, TEMA 958:

> Recurso Especial afetado à Primeira (leia-se: Segunda) Seção com representativo da seguinte controvérsia: "validade da cobrança, em contratos bancários, de **despesas com serviços prestados por terceiros, registro do contrato** e/ou **avaliação do bem**". REsp 1.578.553-SP e REsp 1.578.490-SP, rel. Min. Paulo de Tarso Sanseverino, *DJe* 17/10/2016.

Aplica-se o Capítulo XV desta obra para onde remetemos o leitor.

7 JURISPRUDÊNCIA

> **Tribunal de Justiça do Rio Grande do Sul.** Ementa: AÇÃO REVISIONAL BANCÁRIA. CONTRATO DE EMPRÉSTIMO PESSOAL. JUROS REMUNERATÓRIOS. LIMITAÇÃO COM BASE NA TAXA MÉDIA DE MERCADO. ENTENDIMENTO SEDIMENTADO NO STJ. PRECEDENTES DA CÂMARA. ABUSIVIDADE EXISTENTE. São considerados abusivos os juros remuneratórios que excedem o percentual da taxa média dos juros praticada no mercado conforme tabelas divulgadas pelo BACEN para o período e relativas a operações da mesma natureza (Apelação Cível n. 70071416440, Décima Segunda Câmara Cível, Tribunal de Justiça do RS, relator: Guinther Spode, julgado em 23/2/2017).

> No corpo do acórdão constou:

> No caso concreto, verifico abusividade nas taxas pactuadas no Contrato de Empréstimo Pessoal n. 031900016862 (fls. 62/65) – de **22,00% ao mês** e **987,22% ao ano**, vez que considerada a data da contratação, setembro de 2015, ocasião em que as taxas médias mensais dos juros praticados no mercado conforme tabelas divulgadas pelo BACEN para o período e relativas a contratos similares eram de **28,10 ao ano**.

CAPÍTULO XX

SUPERENDIVIDAMENTO BANCÁRIO E A CONSTITUIÇÃO FEDERAL

Não há, no momento, norma legal regulamentando a questão do superendividamento.

Existe apenas tramitação na Câmara dos Deputados o Projeto de Lei n. 3.515/2015 (oriundo do Projeto de Lei do Senado n. 283/2012), dispondo acerca do superendividamento do consumidor e prevendo medidas judiciais para garantir o mínimo existencial ao consumidor endividado.

Apesar dessa ausência legislativa, as instituições financeiras não podem utilizar a integralidade do salário do correntista para abater saldo devedor de empréstimos debitado em conta corrente.

Eventual cláusula prevendo a retenção integral do salário, ainda que ajustada pelas partes, é ilícita por envolver crédito de natureza alimentar.

A fundamentação jurídica desta proibição está no **art. 7º, X, da CF/88**, uma vez que o salário do trabalhador tem caráter alimentar e inviolável, pois se destina ao seu sustento e ao de sua família.

Os consumidores têm buscado na via jurisprudencial soluções e o Poder Judiciário tem resolvido essas questões do superendividamento (com pequenas variações) determinando descontos que **não ultrapassem a 30% (trinta por cento) da remuneração líquida** percebida pelo devedor, após deduzidos os descontos obrigatórios (Previdência e Imposto de Renda).

Veja:

Ementa. RECURSO ESPECIAL. NEGÓCIOS JURÍDICOS BANCÁRIOS. RENEGOCIAÇÃO DE DÍVIDA. DESCONTO EM CONTA CORRENTE. POSSIBILIDADE. **LIMITAÇÃO A 30% DA REMUNERAÇÃO DO DEVEDOR. SUPERENDIVIDAMENTO. PRESERVAÇÃO DO MÍNIMO EXISTENCIAL.** ASTREINTES. AUSÊNCIA DE INDICAÇÃO DO DISPOSITIVO DE LEI FEDERAL VIOLADO. ÓBICE DA SÚMULA 284/STF. 1. Validade da cláusula autorizadora de desconto em conta-corrente para pagamento das prestações do contrato de empréstimo, ainda que se trate de conta utilizada para recebimento de salário. 2. **Os descontos, todavia, não podem ultrapassar 30% (trinta por cento) da remuneração líquida percebida pelo devedor, após deduzidos os descontos obrigatórios (Previdência e Imposto de Renda).** 3. Preservação do mínimo existencial, em consonância com o princípio da dignidade humana. Doutrina sobre o tema. 4. Precedentes específicos da Terceira e da Quarta Turma do STJ. 5. RECURSO ESPECIAL DESPROVIDO (REsp 1584501/SP. RECURSO ESPECIAL 2015/0252870-2. Ministro PAULO DE TARSO SANSEVERINO (1144). T3 – TERCEIRA TURMA. Data do julgamento: 6/10/2016).

No corpo do acórdão prequestionou o Ministro:

Eminentes colegas,

O recurso especial não merece ser provido. Inicialmente, esclareço que o juízo de admissibilidade do presente recurso será realizado com base nas normas do CPC/1973, por ser a lei processual vigente na data de publicação do *decisum* ora impugnado (cf. Enunciado Administrativo n. 2/STJ). Relatam os autos que a parte demandante, ora recorrida, pactuou com o banco ora recorrente uma confissão e renegociação de dívida no valor de R$ 122.209,21, na modalidade empréstimo consignado, a ser quitado mediante o desconto de 72 parcelas mensais no valor de R$ 1.697,35 (cf. fls. 16/20). Esse montante, contudo, equivale à quase totalidade dos proventos de aposentadoria percebidos pela ora recorrida, no valor de R$ 1.673,91 (cf. fl. 22), nada lhe restando para garantir a subsistência.

Ante esse fato, a ora recorrida ajuizou ação de revisão contratual, pretendendo a limitação dos descontos a 30% de seus proventos líquidos, dentre outros pedidos. O pedido de limitação dos descontos foi julgado procedente pelo juízo a quo, em sentença mantida pelo Tribunal de origem. Daí a interposição do presente recurso especial, em que o banco pretende, essencialmente, o restabelecimento do valor integral dos descontos. A questão devolvida ao conhecimento desta instância especial deve ser abordada à luz do princípio da dignidade da pessoa humana, relacionando-se com o fenômeno do superendividamento, que tem sido uma preocupação atual do Direito do Consumidor em todo o mundo, decorrente da imensa facilidade de acesso ao crédito nos dias de hoje. CLÁUDIA LIMA MARQUES, em seu Contratos no Código de Defesa do Consumidor (São Paulo: Ed. RT, 2002. p. 590-591), ao tecer considerações acerca da oferta em massa de produtos e serviços diante da hipossuficiência do consumidor, refere:

> "Uma vontade protegida pelo direito, vontade liberta das pressões e dos desejos impostos pela publicidade e por outros métodos agressivos de venda, em suma, uma vontade racional. Não há como negar que o consumo massificado de hoje, pós-industrial, está ligado faticamente a uma série de perigos para o consumidor, vale lembrar os fenômenos atuais de superendividamento, de práticas comerciais abusivas, de abusos contratuais, da existência de monopólios naturais dos serviços públicos concedidos ou privatizados, de falhas na concorrência, no mercado, na informação e na liberdade material do contratante mais fraco na elaboração e conclusão dos contratos. Apesar de todos estes perigos e dificuldades, o novo direito contratual visa concretizar a função social dos contratos, impondo parâmetros de transparência e boa-fé."

Alguns sistemas jurídicos já alcançaram soluções legislativas para resolver a situação, como é o caso do Direito francês que já legislou acerca do superendividamento.

Assim, no Code de la consommation (Código do consumo), artigo L.313-12 está disposto o seguinte:

"Article L313-12: L'exécution des obligations du débiteur peut être, notamment en cas de licenciement, suspendue par ordonnance du juge d'instance dans les conditions prévues aux articles 1244-1 à 1244-3 du code civil. L'ordonnance peut décider que, durant le délai de grâce, les sommes dues ne produiront point intérêt. En outre, le juge peut déterminer dans son ordonnance les modalités de paiement des sommes qui seront exigibles au terme du délai de suspension, sans que le dernier versement puisse excéder de plus de deux ans le terme initialement prévu pour le remboursement du prêt; il peut cependant surseoir à statuer sur ces modalités jusqu'au terme du délai de suspension.

A execução do devedor pode, em particular, em caso de demissão, ser suspensa por ordem do juiz, nas condições previstas nos artigos 1244-1 a 1244-3 do Código Civil. A ordem pode decidir que, durante o período de graça, os valores devidos não terão juros cobrados. Além disso, o juiz pode determinar a seu modo as condições de pagamento dos montantes que serão devidos no final do período de suspensão, o pagamento final não pode exceder mais de dois anos o prazo inicialmente previsto para o reembolso do empréstimo e pode, contudo, ser adiado neste ponto dependendo da decisão sobre estes termos, até que o fim do período de suspensão (tradução livre de autoria de Francelize Alves Morking, contida no artigo intitulado 'O reconhecimento das diferenças na materialização de direitos fundamentais com relação aos direitos do consumidor superendividado', publicado na Revista Paradigma, Ribeirão Preto-SP, ano XIX, n. 23, p. 17/40, jan./dez. 2014)".

E, nos artigos 1244-1 ao 1244-3 do Code Civil, concede-se um período para que o devedor possa solver suas obrigações, podendo o julgador, diante das peculiaridades do caso concreto, conceder uma moratória com prazo de dois anos; período em que estarão suspensas as execuções contra o devedor, consoante o artigo 1244-3 do Code Civil, conforme explicita JOSÉ REINALDO DE LIMA LOPES, in Crédito ao consumidor e superendividamento – uma problemática geral, Revista do Direito do Consumidor n. 17, janeiro/março de 1996, São Paulo: Ed. RT, p. 60. No Brasil, está em tramitação na Câmara dos Deputados o Projeto de Lei n. 3.515/2015 (oriundo do Projeto de Lei do Senado n. 283/2012), dispondo acerca do superendividamento do consumidor e prevendo medidas judiciais para garantir o mínimo existencial ao consumidor endividado. Transcrevem-se, a propósito, as medidas previstas no PL 3515/2015 acerca do superendividamento dos consumidores, *litteris*:

> "Art. 54-E. Nos contratos em que o modo de pagamento da dívida envolva autorização prévia do consumidor pessoa natural para consignação em folha de pagamento, a soma das parcelas reservadas para pagamento de dívidas não poderá ser superior a 30% (trinta por cento) de sua remuneração mensal líquida. § 1º O descumprimento do disposto neste artigo dá causa imediata à revisão do contrato ou à sua renegociação, hipótese em que o juiz poderá adotar, entre outras, de forma cumulada ou alternada, as seguintes medidas: I – dilação do prazo de pagamento previsto no contrato original, de modo a adequá-lo ao disposto no caput deste artigo, sem acréscimo nas obrigações do consumidor; II – redução dos encargos da dívida e da remuneração do fornecedor; III – constituição, consolidação ou substituição de garantias."

Enquanto não há legislação específica acerca do tema, as soluções para o superendividamento dos consumidores têm sido buscadas na via jurisprudencial. De todo modo, constitui dever do Poder Judiciário o controle desses contratos de empréstimo para evitar que abusos possam ser praticados pelas instituições financeiras interessadas, especialmente nos casos de crédito consignado. Não se desconhece que esses contratos financeiros foram celebrados com a anuência do consumidor, no exercício dos poderes outorgados pela liberdade contratual. Entretanto, o princípio da autonomia privada longe está de ser absoluto em nosso sistema jurídico. O próprio Código Civil de 2002, em seu art. 421, estabelece textualmente que "a liberdade de contratar será exercida em razão e nos limites da função social do contrato".

Portanto, o princípio da autonomia privada não é absoluto, devendo respeito a outros princípios do nosso sistema jurídico (função social do contrato, boa-fé objetiva), inclusive um dos mais importantes, que é o princípio da dignidade da pessoa humana, positivado no art. 1º, III, da Constituição Federal. ANTÔNIO AUGUSTO CANÇADO TRINDADE, em seu Tratado de direito internacional dos direitos humanos (Porto Alegre: Sérgio Antônio Fabris, 1997. VI – II, p. 17), leciona a respeito dos direitos humanos no sentido de que devem formar padrões mínimos universais de comportamento e respeito ao próximo:

> "(...) afirmar a dignidade da pessoa humana, lutar contra todas as formas de dominação, exclusão e opressão, em prol da salvaguarda contra o despotismo e a arbitrariedade, e na asserção da participação na vida comunitária e do princípio da legitimidade."

Com efeito, se o desconto consumir parte excessiva dos vencimentos do consumidor, colocará em risco a sua subsistência e de sua família, ferindo o princípio da dignidade da pessoa humana. No caso dos autos, esse risco é evidente, pois os descontos alcançam quase 100% dos proventos da consumidora demandante. Cabível, portanto, estabelecer um limite para esses descontos. Nesse passo, a jurisprudência desta Corte Superior tem entendido que os descontos em conta-corrente utilizada para o recebimento de salário devem ser limitados a 30% (trinta por cento) dos vencimentos do correntista, excluídos os descontos obrigatórios. Nesse sentido, confiram-se os seguintes julgados:

> AGRAVO INTERNO. RECURSO ESPECIAL. INDENIZAÇÃO POR DANOS MORAIS. EMPRÉSTIMO BANCÁRIO. DESCONTO EM CONTA CORRENTE ONDE É DEPOSITADO SALÁRIO. LIMITAÇÃO. 30% DOS VENCIMENTOS. AUSÊNCIA DE ATO ILÍCITO E DE PROVA DE DANO. REEXAME DE PROVAS. 1. É legítimo o desconto, em conta corrente, de parcelas de empréstimo, limitando-se tal desconto a 30% da remuneração, tendo em vista o caráter alimentar dos vencimentos (Súmula 83 do STJ). Precedentes. 2. Caso em que o Tribunal de origem entendeu não configurado ato ilícito passível de

reparação. A reforma do acórdão recorrido, no ponto, requer incursão nos elementos fático-probatórios do processo, o que é inviável em recurso especial (Súmula 7 do Superior Tribunal de Justiça – STJ). 3. Agravo interno a que se nega provimento (AgInt no REsp 1565533/PR, rel. Ministra MARIA ISABEL GALLOTTI, QUARTA TURMA, julgado em 23/8/2016, *DJe* 31/8/2016).

AGRAVO REGIMENTAL. AGRAVO EM RECURSO ESPECIAL. EMPRÉSTIMO BANCÁRIO. DESCONTO EM CONTA-CORRENTE. REQUISITOS PARA A CONCESSÃO DE TUTELA ANTECIPADA. INOVAÇÃO RECURSAL. LIMITAÇÃO DO DESCONTO EM 30%. POSSIBILIDADE. ART. 461, § 6º, DO CPC. FALTA DE PREQUESTIONAMENTO. SÚMULA N. 282/STF. 1. Não se admite inovação recursal em agravo regimental, tendo em vista o instituto da preclusão consumativa. 2. Quando previsto, o débito em conta-corrente em que é creditado o salário é modalidade de garantia de mútuo obtido em condições mais vantajosas, não constituindo abusividade, razão pela qual não pode ser suprimido por vontade do devedor. Referido débito deve ser limitado a 30% (trinta por cento) dos vencimentos do servidor. 3. O requisito do prequestionamento é satisfeito quando o Tribunal a quo emite juízo de valor a respeito da tese defendida no especial. Súmula n. 282 do STF. 4. Agravo regimental desprovido (AgRg no AREsp 513.270/GO, rel. Ministro JOÃO OTÁVIO DE NORONHA, TERCEIRA TURMA, julgado em 20/11/2014, *DJe* 25/11/2014).

Verifica-se, portanto, que o Tribunal de origem decidiu em sintonia com o entendimento desta Corte Superior, quanto ao limite dos descontos em conta-corrente, **ficando limitados a 30% da remuneração líquida do devedor após os descontos obrigatórios**. De outra parte, relativamente à insurgência contra as astreintes, o banco recorrente não apontou o dispositivo de lei federal que fundamenta a interposição do recurso especial, o que atrai a incidência do óbice da Súmula 284/STF. Destarte, o recurso especial não merece ser provido. Ante o exposto, voto no sentido de negar provimento ao recurso especial.

É o voto.

Nesse sentido, os Tribunais Ordinários.

Tribunal de Justiça do Rio Grande do Sul

Ementa: AGRAVO DE INSTRUMENTO. NEGÓCIOS JURÍDICOS BANCÁRIOS. AÇÃO REVISIONAL. RETENÇÃO DE SALÁRIO CREDITADO EM CONTA CORRENTE. SALDO DEVEDOR DE CHEQUE ESPECIAL. SUPERENDIVIDAMENTO. 1. DA UTILIZAÇÃO DO SALÁRIO DO AUTOR PARA COBRIR SALDO DEVEDOR – Caso concreto em que é devida expressiva quantia resultante de contrato de abertura de crédito em conta corrente – cheque especial –, onde a instituição financeira apropria-se da integralidade do salário do autor para fins de abatimento do saldo devedor. – **As instituições financeiras não podem se valer da integralidade do salário do correntista que lhe é confiado em depósito para abater saldo devedor da conta-corrente. – De acordo com o disposto no art. 7º, X, da CF, o salário do trabalhador tem caráter alimentar e inviolável, pois se destina ao seu sustento e ao de sua família.** 2. SUPERENDIVIDAMENTO – Resta caracterizado o superendividamento do autor, tendo em vista a realização de inúmeros empréstimos realizados ao longo dos anos, com o intuído exclusivo de saldar o débito contraído com a instituição financeira ré, de forma a minar seus vencimentos ao ponto de não conseguir mais manter o necessário para a mantença do seu mínimo existencial. 3. TUTELA ANTECIPADA – Demonstrada prova inequívoca do alegado e a verossimilhança da alegação **associadas a uma das hipóteses previstas nos incisos I e II do art. 273 do CPC,** vai deferido o pedido liminar de proibição de utilização de verbas salariais para cobrir saldo devedor junto à instituição bancária. 2. DA INSCRIÇÃO NOS ÓRGÃOS DE PROTEÇÃO AO CRÉDITO. – A exclusão de nome dos cadastros restritivos de crédito se justifica se presentes os requisitos previstos pelo STJ para a concessão de tutela antecipada. No caso em tela, presentes os requisitos e havendo verossimilhança das alegações em sede de cognição sumária, dado se vislumbrar na petição inicial e documentos juntados aos autos, indícios aptos a demonstrar os fatos alegados pelo demandante, impõem-se a reforma da decisão que indeferiu o pleito antecipatório da tutela, em relação ao contrato de empréstimo pessoal consignado. AGRAVO DE INSTRUMENTO PARCIALMENTE PROVIDO (Agravo de Instrumento n. 70067289413, Vigésima Terceira Câmara Cível, Tribunal de Justiça do RS, relator: Ana Paula Dalbosco, julgado em 13/11/2015).

Ementa: AGRAVO DE INSTRUMENTO. CONTRATOS DE CARTÃO DE CRÉDITO. AÇÃO REVISIONAL. ANTECIPAÇÃO DE TUTELA. DEFERIMENTO NO CASO CONCRETO. VISÍVEL CASO DE SUPERENDIVIDAMENTO. 1. Da análise dos documentos carreados ao presente instrumento é possível concluir, mesmo em juízo de cognição prévia, que o caso concreto é típico de superendividamento, no qual a autora, aposentada com rendimento mensal de um salário mínimo nacional, alega ter repactuado dívida contraída em seu cartão de crédito, no valor de R$ 10.986,72, em 48 prestações de R$ 339,93. 2. Embora a cobrança da repactuação do débito seja realizada, não por descontos diretos no benefício da autora, mas via boletos bancários, entendo presentes os requisitos necessários ao deferimento da antecipação de tutela pleiteada, **para limitar a cobrança mensal da parcela a 30% do benefício da agravante**, porquanto o seu valor, na forma como cobrado, corresponde a 43% do benefício percebido mensalmente o que, evidentemente, compromete o seu sustento e o de sua família. 3. Presente a verossimilhança acerca da alegada existência de cobrança abusiva de encargos remuneratórios e moratórios na renegociação entabulada entre os litigantes, é deferida a vedação do envio do nome da agravante aos órgãos de proteção ao crédito enquanto pendente discussão acerca do contrato revisando. AGRAVO DE INSTRUMENTO PROVIDO (Agravo de Instrumento n. 70065978017, Vigésima Terceira Câmara Cível, Tribunal de Justiça do RS, relator: Ana Paula Dalbosco, julgado em 29/9/2015).

Tribunal de Justiça de Santa Catarina

Ementa. APELAÇÃO CÍVEL. AÇÃO CAUTELAR INOMINADA. INACOLHIMENTO DAS PRETENSÕES INICIAIS. REBELDIA DA AUTORA. DEMANDANTE QUE ALMEJA A PROIBIÇÃO

DE REALIZAÇÃO DE QUALQUER DESCONTO EM SUA CONTA-CORRENTE OU A LIMITAÇÃO DOS DÉBITOS A 30% (TRINTA POR CENTO) DOS VENCIMENTOS. CONCESSÃO DE MÚTUO PELA INSTITUIÇÃO FINANCEIRA, COM DESCONTO DIRETO NA CONTA-CORRENTE DE TITULARIDADE DA REQUERENTE. RETENÇÃO DA QUASE INTEGRALIDADE DO SALÁRIO DA AUTORA PARA AMORTIZAR DÍVIDA DAS PARCELAS DO FINANCIAMENTO FIRMADO. **AFRONTA AO PRINCÍPIO DO MÍNIMO EXISTENCIAL**. ABUSO DO DIREITO DE CONCESSÃO DE CRÉDITO, OCASIONADOR DE SUPERENDIVIDAMENTO. IMPERATIVA **LIMITAÇÃO DOS LANÇAMENTOS A 30% (TRINTA POR CENTO) DOS VENCIMENTOS MENSAIS, EMPÓS DEDUZIDOS OS DESCONTOS OBRIGATÓRIOS (IMPOSTO DE RENDA E CONTRIBUIÇÃO PREVIDENCIÁRIA)**. APLICAÇÃO ANALÓGICA DO ART. 6º, § 5º, DA LEI N. 10.820/2003. PRETENSÃO DEDUZIDA NA INICIAL ACOLHIDA. SENTENÇA ALTERADA (Processo: 2015.040751-6 (Acórdão). Relator: José Carlos Carstens Köhler. Origem: Capital. Órgão Julgador: Quarta Câmara de Direito Comercial. Julgado em: 14/7/2015).

Capítulo XXI

BUSCA E APREENSÃO. FINANCIAMENTO DE VEÍCULO AUTOMOTOR. DESCARACTERIZAÇÃO DA MORA

O Superior Tribunal de Justiça em decisão no REsp 1.061.530-RS, rel. Min. Nancy Andrighi, Segunda Seção, julgado em 22/10/2008, firmou as seguintes orientações:

ORIENTAÇÃO 2 – CONFIGURAÇÃO DA MORA

a) O reconhecimento da abusividade nos encargos exigidos no período da normalidade contratual (juros remuneratórios e capitalização) descaracteriza a **mora**;

b) Não descaracteriza a **mora** o ajuizamento isolado de ação revisional, nem mesmo quando o reconhecimento de abusividade incidir sobre os encargos inerentes ao período de inadimplência contratual.

ORIENTAÇÃO 4 – INSCRIÇÃO/MANUTENÇÃO EM CADASTRO DE INADIMPLENTES

a) A abstenção da inscrição/manutenção em cadastro de inadimplentes, requerida em antecipação de tutela e/ou medida cautelar, somente será deferida se, cumulativamente: i) a ação for fundada em questionamento integral ou parcial do débito; ii) houver demonstração de que a cobrança indevida se funda na aparência do bom direito e em jurisprudência consolidada do

STF ou STJ; iii) houver depósito da parcela incontroversa ou for prestada a caução fixada conforme o prudente arbítrio do juiz;

b) A inscrição/manutenção do nome do devedor em cadastro de inadimplentes decidida na sentença ou no acórdão observará o que for decidido no mérito do processo. Caracterizada a mora, correta a inscrição/manutenção.

Constatada a cobrança de encargo abusivo (juros remuneratórios e capitalização) no período de normalidade, a mora fica descaracterizada, conforme orientação 2 supracitada. Assim, nenhum outro encargo poderá servir de pretexto para afastar a mora.

No entanto, essa premissa deve ser analisada em consonância com a diretriz 4 fixada pelo STJ no mesmo julgado, porquanto afastar a mora única e simplesmente por estar afigurada abusividade no período de contratualidade, sem que o mutuário tenha depositado o valor incontroverso apurado com base no entendimento firmado nos Tribunais Superiores, seria chancelar a inadimplência total de avenças livremente firmadas entre as partes, daí ser imprescindível que mutuário deposite o valor incontroverso.

Nesse sentido, a jurisprudência:

> **TJPR.** Ementa. Descaracterização da mora – Possibilidade – Cobranças indevidas no período de normalidade contratual que afastam a mora (8. 1203189-3 (Acórdão). Relator: Octavio Campos Fischer. Processo: 1203189-3. Acórdão: 63679. Órgão julgador: 14ª Câmara Cível. Data julgamento: 15/2/2017).

> **TJRS.** Ementa: APELAÇÃO CÍVEL. AÇÃO DE BUSCA E APREENSÃO. ALIENAÇÃO FIDUCIÁRIA. ALEGAÇÃO DE ENCARGOS ABUSIVOS. MATÉRIA DE DEFESA. POSSIBILIDADE DE ANÁLISE. CASO CONCRETO. (...) JUROS REMUNERATÓRIOS ABUSIVOS. MORA DESCARACTERIZADA. EXTINÇÃO DA AÇÃO DE BUSCA E APREENSÃO. É possível o reconhecimento de cobrança de encargos abusivos, para o fim específico de descaracterização da mora, em ação busca e apreensão, desde que alegado pelo consumidor. Jurisprudência do STJ. Caso concreto. Tese Paradigma. Recurso Especial n. 1.061.530/RS. Descaracterização da mora. Reconhecimento de abusividade

de encargo incidente no período da normalidade. Sendo a mora o fundamento jurídico da ação de busca e apreensão, e uma vez que ela tenha sido descaracterizada no caso concreto, é de ser extinta a ação, com base no art. 485, inciso VI, do CPC/15 (Apelação Cível n. 70072123391, Décima Terceira Câmara Cível, Tribunal de Justiça do RS, relatora: Angela Terezinha de Oliveira Brito, julgado em 23/2/2017).

Tribunal de Justiça de São Paulo. Ementa: APELAÇÃO – AÇÃO DE BUSCA E APREENSÃO – ALIENAÇÃO FIDUCIÁRIA – Possibilidade de alegações de defesa relativas à eventual abusividade de cláusulas contratuais que pode ser realizada em ações de busca (1016119-09.2015.8.26.0482. Apelação/Alienação Fiduciária. Relator: Hugo Crepaldi. Comarca: Presidente Prudente. Órgão julgador: 25ª Câmara de Direito Privado. Data do julgamento: 16/2/2017).

REFERÊNCIAS BIBLIOGRÁFICAS

ACKERMAN, Bruce. O novo constitucionalismo mundial. In: SARMENTO, Daniel. *Direitos fundamentais e relações privadas.*

ÁVILA, Humberto. *Teoria dos princípios.* 5. ed. São Paulo: Malheiros, 2006.

AZEVEDO, Antônio Junqueira de. A caracterização jurídica da dignidade da pessoa humana. *Revista Trimestral de Direito Civil*, n. 9. jan./mar. 2002.

BARCELLOS, Ana Paula de. *A eficácia jurídica dos princípios constitucionais*

BARROSO, Luís Roberto. *Interpretação e aplicação da Constituição.*

_____. *Direito constitucional e a efetividade de suas normas.* 3. ed. Rio de Janeiro: Renovar.

_____. Neoconstitucionalismo e constitucionalização do direito: o triunfo tardio do direito constitucional no Brasil. *Revista da Associação dos Juízes Federais no Brasil*, Brasília, ano 23, n. 82, 4º trimestre.

BASTOS, Celso Ribeiro; PFLUG, Samantha Meyer. *Interpretação constitucional.* Virgílio Afonso da Silva (Org.). São Paulo: Malheiros, 2005.

BERNARDES, Juliano Taveira; FERREIRA, Olavo Augusto Vianna Alves. *Direito constitucional.* 2. ed. Salvador: Juspodivm, 2012. t. I.

BIERWAGEN, Mônica Yoshizato. *Princípios e regras de interpretação dos contratos no novo Código Civil.*

BONAVIDES, Paulo. *Curso de direito constitucional.* 13. ed. São Paulo: Malheiros, 2003.

BRANCO, Paulo Gustavo Gonet. *Hermenêutica constitucional e direitos fundamentais.*

_____. *Curso de direito constitucional.* 5. ed. São Paulo: Saraiva; IDP. 2010.

CUNHA JR., Dirley da. *Curso de direito constitucional.* 7. ed. Salvador: Juspodivm, 2013.

DIMOULIS, Dimitri; MARTINS; Leonardo. *Teoria geral dos direitos fundamentais.* São Paulo: Revista dos Tribunais, 2007.

DONNINI, Rogério Ferraz. A Constituição Federal e a concepção social do contrato. In: VIANA, Rui Geraldo Camargo; NERY, Rosa Maria de Andrade (Org.). *Temas atuais de direito civil na Constituição Federal.*

DWORKIN, Ronald. *Taking rights seriously.* Cambrige: Harvard, 1977.

ESTEVES, João Luiz M. *Direitos fundamentais sociais no Supremo Tribunal Federal.*

FERNANDES, Bernardo Gonçalves. *Curso de direito constitucional.* 5. ed. Salvador: Juspodivm, 2013.

FERREIRA, Carlos Wagner Dias. *Contratos e eficácia dos direitos fundamentais.* Curitiba: Juruá, 2010.

GALINDO, Bruno. *Direitos fundamentais*: análise de sua concretização constitucional.

GAVIÃO FILHO, Anízio Pires. *Colisão de direitos fundamentais, argumentação e ponderação.* Porto Alegre: Livraria do Advogado, 2011.

GRAU, Eros Roberto. *A ordem econômica na Constituição.* 3. ed. São Paulo: Malheiros.

GUIMARAES, Luiz Carlos Forghieri. *Recurso extraordinário e o Supremo Tribunal Federal.* São Paulo: Letras Jurídicas, 2013.

_____. *Direitos fundamentais e relações desiguais nos contratos bancários.* 3. ed. São Paulo: Letras Jurídicas, 2012.

_____. *Controle difuso-incidental de constitucionalidade.* São Paulo: Letras Jurídicas, 2012.

_____. *O prequestionamento nos recursos extraordinário e especial.* São Paulo: Letras Jurídicas, 2011.

_____. *Direitos fundamentais e relações desiguais.* São Paulo: Letras Jurídicas, 2008.

_____. *Sistema Financeiro da Habitação*: revisão de contratos de acordo com a Constituição Federal e a matemática financeira. São Paulo: Quartier Latin, 2006.

HOLTHE, Leo Van. *Direito constitucional.* 6. ed. Salvador: Juspodivm, 2010.

LIMA, Hermes. Introdução à ciência do direito. 13. ed. Rio de Janeiro: Freitas Bastos, 1964.

MARMELSTEIN, George. *Curso de direitos fundamentais.* 4. ed. São Paulo: Atlas, 2013.

MELLO, Celso Antônio Bandeira de. *Elementos de direito administrativo.*

MENDES, Gilmar Ferreira. *Direitos fundamentais e controle de constitucionalidade.* 4. ed. São Paulo: Saraiva, 2012.

_____. *Hermenêutica constitucional e direitos fundamentais.*

NOVELINO, Marcelo. *Direito constitucional*. São Paulo: Método, 2009.

NUNES, Rizzato. *O princípio constitucional da dignidade da pessoa humana.*

PAULO, Vicente; ALEXANDRINO, Marcelo. *Direito constitucional descomplicado.* 10. ed. São Paulo: Método, 2013.

PAULO, Vicente. *Aulas de direito constitucional.* Rio de Janeiro: Impetus, 2007.

PAULO, Vicente; ALEXANDRINO, Marcelo; DIAS, Frederico. *Aulas de direito constitucional para concursos.* São Paulo: Método, 2013.

PEIXINHO, Manoel Messias. *A interpretação da Constituição e os princípios fundamentais*: elementos para uma hermenêutica constitucional renovada.

PEREIRA, Jane Reis Gonçalves. *Interpretação constitucional e direitos fundamentais.* Rio de Janeiro: Renovar, 2006.

SARLET, Ingo Wolfgang. *Dignidade da pessoa humana e direitos fundamentais na Constituição Federal de 1988.*

_____. *A eficácia dos direitos fundamentais.*

_____. *Curso de direito constitucional.* 2. ed. São Paulo: Revista dos Tribunais, 2013.

SARMENTO, Daniel. *Direitos fundamentais e relações privadas.* Rio de Janeiro: Lumen Juris.

SILVA, Virgílio Afonso da (Org.). *Interpretação constitucional.* São Paulo: Método, 2009.

SOMBRA, Thiago Luís Santos. *A eficácia dos direitos fundamentais nas relações jurídico-privadas.*

STEINMETZ, Wilson. *A vinculação dos particulares a direitos fundamentais.*

TEPEDINO, Gustavo. Em premissas metodológicas para a constitucionalização do direito civil. Ensaio inserido em obra do mesmo autor, denominada *Temas de direito civil.*

ZAGREBELSKY, Gustavo. *Il diritto mite.*

SOBRE O PROF. LUIZ CARLOS FORGHIERI GUIMARÃES

LIVROS PUBLICADOS

Direitos Fundamentais e a Constituição Federal de 1988, 2015.

Recurso Extraordinário e o Supremo Tribunal Federal. Editora Letras Jurídicas, 2013.

Controle Difuso-Incidental de Constitucionalidade. Capitalização nos Contratos Bancários. Editora Letras Jurídicas, 2012.

Direitos Fundamentais e Relações Desiguais nos Contratos Bancários. Editora Letras Jurídicas, 2ª edição, 2012.

Prequestionamento nos Recursos Extraordinário e Especial. Editora Letras Jurídicas, 2011.

Direitos Fundamentais e Relações Desiguais (Poder Econômico e o Indivíduo). Editora Letras Jurídicas, 2008.

SFH – Sistema Financeiro da Habitação, Revisão de Contratos de Acordo com a Constituição Federal e a Matemática Financeira. Editora Quartier Latin, 2006.

No Prelo – *Recurso Especial e o Superior Tribunal de Justiça*. Previsão: 2016.

No Prelo – *Financiamento Habitacional, SFH, e a Eficácia Horizontal dos Direitos Fundamentais*. Previsão: 2016.

No Prelo – *Direito Bancário e a Eficácia Horizontal dos Direitos Fundamentais*. Previsão: 2016.

No Prelo – *Controle Difuso-Incidental de Constitucionalidade das Leis*. Previsão: 2016.

Contribuição ao Judiciário

Mais de 300 acórdãos dos Tribunais Ordinários da Federação citaram os fundamentos jurídicos do Prof. Luiz Carlos Forghieri Guimarães como fonte para decidir. O único doutrinador brasileiro que foi citado por quatro vezes no corpo de 49 acórdãos.

Aulas Ministradas

Faculdades de Direito; Curso Preparatório para Concurso Público; vários cursos de aperfeiçoamento na Escola Superior de Advocacia, ESA/SP, inclusive de Especialização; Centro Europeu de Curitiba/PR.

Palestras Ministradas

Mais de 200 palestras. A maioria, em torno de 90%, ocorreu na Ordem dos Advogados do Brasil – Seção de São Paulo.

Laureado Três Vezes pela OAB/SP

Dentre outras homenagens foi laureado por três vezes pela OAB/SP: as duas primeiras, em 2006 e 2009, com a "Láurea de Reconhecimento", pelas palestras ministradas, e a terceira em 2011, com a "Láurea do Mérito Cultural" "pelos relevantes serviços prestados à Advocacia Bandeirante, como Conferencista Emérito do Departamento de Cultura da OAB/SP".

Membro Consultor da OAB/SP

Membro Consultor da Comissão de Ensino Jurídico. Período 2013 – atual.

Ex-Membro Consultor da Comissão de Direito Constitucional. Período 2010 a 2012.

ARTIGOS PUBLICADOS

Os Direitos Fundamentais na Teoria Constitucional Contemporânea. <www.oabsp. org.br/esa>. 28/11/2006.

Contratos Bancários: de quem é a competência para julgar as causas do sistema financeiro da habitação? <www.oabsp.org.br/esa>. 28/8/2006.

Direito Processual Constitucional: prequestionamento (Parte II. <www.oabsp.org. br/esa>. 18/8/2006.

Direito Processual Constitucional: prequestionamento (Parte I) <www.oabsp.org.br/ esa>. 2/8/2006.

Contratos Bancários: Juros. <www.oabsp.org.br/esa>. 24/7/2006.

O Anatocismo da Tabela Price nos Contratos Bancários. <www.oabsp.org.br/esa>. 28/6/2006.

Medida Provisória não legaliza o anatocismo por força da Constituição Federal. <www. oabsp.org.br/esa>. 21/6/2006.

Sistema Financeiro da Habitação, Saldo Residual e a Constituição Federal. <www. oabsp.org.br/esa>. 21/6/2006.

Princípios Constitucionais e o Supremo Tribunal Federal. <www.oabsp.org.br/esa>. 31/5/2006.

SFH: a Irretroatividade da lei. Papini Estudos Jurídicos. <www.papiniestudos. com.br>. 10/1/2006.

A Tabela Price e o STJ. Papini Estudos Jurídicos. <www.papiniestudos.com.br>. 15/12/2005.

SFH: Necessidade de Vara Especializada. Papini Estudos Jurídicos. <www.papiniestudos.com.br>. 12/12/2005.

SFH: A Função Social do Contrato. Papini Estudos Jurídicos. <www.papiniestudos. com.br>. 8/12/2005.

Direitos Fundamentais e o SFH. Papini Estudos Jurídicos. <www.papiniestudos. com.br>. 24/11/2005.

A Constituição Federal e a Matemática Financeira. Papini Estudos Jurídicos. <www. papiniestudos.com.br>. 25/10/2005.

A Súmula 121 do Supremo Tribunal Federal e a Medida Provisória que permite a Capitalização Mensal dos Juros. Papini Estudos jurídicos. <www.papiniestudos.com. br>. 26/9/2005.

Os Efeitos Pretendidos pelos Princípios Jurídicos do Sistema Financeiro da Habitação. Papini Estudos Jurídicos. <www.papiniestudos.com.br>. 23/9/2005.

A Disfunção Social dos Contratos da Casa Própria. <www.noticiasforenses.com. br/>. Março de 2004.

Juros Bancários versus Princípios Constitucionais e Infraconstitucionais. <www.noticiasforenses.com.br/>. Outubro de 2004.

LETRAS Jurídicas

Letrasdo Pensamento

QUEM SOMOS

Editora **LETRAS JURÍDICAS e LETRAS DO PENSAMENTO**, com dezoito anos no mercado *Editorial e Livreiro* do país, é especializada em publicações jurídicas e em literatura de interesse geral, destinadas aos acadêmicos, aos profissionais da área do Direito e ao público em geral. Nossas publicações são atualizadas e abordam temas atuais, polêmicos e do cotidiano, sobre as mais diversas áreas do conhecimento.

Editora **LETRAS JURÍDICAS e LETRAS DO PENSAMENTO** recebe e analisa, mediante supervisão de seu Conselho Editorial: **artigos, dissertações, monografias e teses jurídicas** de profissionais dos *Cursos de Graduação, de Pós-Graduação, de Mestrado e de Doutorado*, na área do Direito e na área técnica universitária, além de obras na área de literatura de interesse geral.

Na qualidade de *Editora Jurídica e de Interesse Geral*, mantemos uma relação em nível nacional com os principais *Distribuidores e Livreiros do país*, para divulgarmos e para distribuirmos as nossas publicações em todo o território nacional. Temos ainda relacionamento direto com as principais *Instituições de Ensino, Bibliotecas, Órgãos Públicos, Cursos Especializados de Direito* e todo o segmento do mercado.

Na qualidade de **editora prestadora de serviços**, oferecemos os seguintes serviços editoriais:

- ✓ Análise e avaliação de originais para publicação;
- ✓ Assessoria Técnica Editorial;
- ✓ Banner, criação de arte e impressão;
- ✓ Cadastro do ISBN – Fundação Biblioteca Nacional;
- ✓ Capas: Criação e montagem de Arte de capa;
- ✓ CD-ROM, Áudio Books;
- ✓ Comunicação Visual;
- ✓ Consultoria comercial e editorial;
- ✓ Criação de capas e de peças publicitárias para divulgação;
- ✓ Digitação e Diagramação de textos;
- ✓ Direitos Autorais: Consultoria e Contratos;
- ✓ Divulgação nacional da publicação;
- ✓ Elaboração de sumários, de índices e de índice remissivo;
- ✓ Ficha catalográfica - Câmara Brasileira do Livro;
- ✓ Fotografia: Escaneamento de material fotográfico;
- ✓ Gráficas – Pré-Impressão, Projetos e Orçamentos;
- ✓ Ilustração: projeto e arte final;
- ✓ Livros Digitais, formatos E-Book e Epub;
- ✓ Multimídia;
- ✓ Orçamento do projeto gráfico;
- ✓ Organização de eventos, palestras e workshops;
- ✓ Papel: compra, venda e orientação do papel;
- ✓ Pesquisa Editorial;
- ✓ Programação Visual;
- ✓ Promoção e Propaganda - Peças Publicitárias - Cartazes, Convites de Lançamento, Folhetos e Marcadores de Página de livro e peças em geral de divulgação e de publicidade;
- ✓ Prospecção Editorial;
- ✓ Redação, Revisão, Edição e Preparação de Texto;
- ✓ Vendas nacionais da publicação.

Confira!!!

Nesse período a **Editora** exerceu todas as atividades ligadas ao setor **Editorial/Livreiro** do país. É o marco inicial da profissionalização e de sua missão, visando exclusivamente ao cliente como fim maior de seus objetivos e resultados.

O Editor

A Editora reproduz com exclusividade todas as publicações anunciadas para empresas, entidades e/ou órgãos públicos. Entre em contato para maiores informações.
Nossos sites: www.letrasjuridicas.com.br e www.letrasdopensamento.com.br
E-mails: comercial@letrasjuridicas.com.br e comercial@letrasdopensamento.com.br
Telefone/fax: (11) 3107-6501 – 99352-5354